JN042242

個別でも
みんなの中でも教えられる！

国語・算数の初歩でつまずく子への教え方と教材

栗本奈緒子・著
（大阪医科薬科大学 LD センター）

Gakken

目次

本書の特徴・使い方

　子どもが学習につまずいているという場合、まずはその子どもがなぜ、どんなところに困っているのか、実態を探ることが大切である。それには心理検査などを実施し、検査中の様子や結果を総合して解釈することが望ましいが、現実にはなかなか難しいという場合もあるだろう。一方で、つまずきの原因を理解していないと、的外れな指導で子どもの混乱を余計に招きかねない。

　本書では、学校や家庭で、目の前の子が学習につまずいている普段の様子から、身近な大人が原因についてチャート形式でおおまかに仮説を立て、子どもの指導をとにかく始めていく中で今のつまずきをなんとかクリアして、楽しく学び続けていってほしいと考えている。

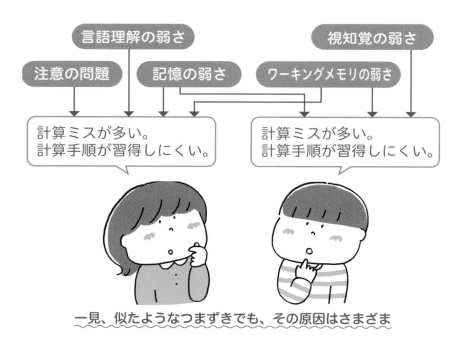

一見、似たようなつまずきでも、その原因はさまざま

子どもの学びを継続的に支えるために、日々忙しい大人にとっても、気の進まない苦手な学習をする子どもにとっても、なるべく負担なく学習できるよう、すぐに実施できる指導法とコピーして使える教材シートを用意した。1回につき10分だけでも子どもができる方法で取り組むことで、できるようになる実感を積み重ねてほしいと思う。

　また、本書の教材シートや指導方法、活動は、学校など集団の中でもぜひ取り入れてほしい。そうすることで困っている子がさりげなく助かる、困るほどでなくても理解があいまいだった子がすっきり理解できるなどにつながることを期待したい。

子どものつまずきを見過ごさないで！
今すぐ試してほしい 4つのステップ

1 子どもの様子を
チェックリストで ☑

2 つまずき原因について
解説ページを読む

3 巻末の教材シートを
コピーする

4 指導ページにそって
10分教える

教材の冊子を本から外して
コピーして使おう！

冊子の隅（外側）の
角に合わせて
127% 拡大コピーすると
A4サイズになります。

学習場面で使っているさまざまな認知能力

休み時間から切り替えて姿勢を正して授業に臨む
→注意の切り替えと姿勢保持

注意の切り替え

姿勢保持

長期記憶

聴覚的ワーキングメモリ

教師の声（音声）による情報を正しく聞き取り、以前に習った内容を思い出しながら、指示や説明を理解する
→聴覚的ワーキングメモリと長期記憶

ワーキングメモリとは
情報を一時的に覚えておきながら、目的に合わせて取り出し、考える働き

聞く力　ネコ

見る力

情報を聴覚的に覚えて活用したり（**聴覚的ワーキングメモリ**）、視覚的に覚えて活用したりする（**視覚的ワーキングメモリ**）。どちらかが得意もしくは不得意な場合がある。

視知覚とは
形態や空間を理解する力

本書では、「読み」「書き」「計算」の基礎学習につまずきのある子どもに対して、その基礎学習を支える脳の機能である「認知能力」に基づいて、身近な大人が取り入れやすい具体的な教材・指導方法を考えている。「認知能力」にはさまざまあるのだが、どのようなときに、どのように必要となるものなのか、学校での学習場面で具体的に思い浮かべてみよう。

視覚的ワーキングメモリ

選択的注意力

集中力

視知覚

目と手の協応

黒板の漢字の形を捉え、ノートと交互に目線を移しながら、マス目に漢字を正しい書き順で書き写す
→視知覚と視覚的ワーキングメモリと目と手の協応

注意をそらさず集中して教師の話や黒板に注意を向けながら必要な作業をする
→選択的注意力と集中力

長期記憶とは
すでに脳に蓄えられて（知って）いる情報

はじめに

　学習に困難を抱える子どもたちの多くは、繰り返し練習しても覚えることが苦手です。また、繰り返し練習は得意でも、時間がたつとやり方を忘れたり問題形式が変わるとどうしてよいかわからなくなったりする子どももいます。

　このような子どもたちに対して大阪医科大学LDセンターでは、子どもの姿やいろいろな評価をとおしてつまずきが起こる原因を探り、学習課題の「意味」を意識させながら考える力をつけることを目的に指導を行っています。勉強は「覚えるもの」と思っている子どもたちにとって、「意味を考える」という方法は、「面倒くさい」「難しい」と感じることもあります。しかし、「意味を考える」という習慣がついてくると、間違いに気づくようになり、やり方を思い出すことが早くなります。子どもたち自身も、「わかった」という実感をもてるようになります。生活の中でも意味を意識するようになるため、保護者の方から「最近よく『どういう意味？』と聞くようになりました」と言っていただけることもあります。

　本書では、国語や算数の基礎となる指導を紹介しています。少人数指導や個別指導の中で生まれた指導・支援ではありますが、学習に苦手意識がある子どもたちがみんなの中で「できた」「わかった」と自信をもてるよう、役立ていただければ幸いです。それが、みんなの理解にもつながることを期待しています。

2020年4月　栗本奈緒子（大阪医科薬科大学LDセンター）

第1章
国語編

「読解」と「作文」の習得を目標に
読み書きの支援法を紹介します

序　読解・作文のつまずき5要素

子どもの様子

□「こうえん」を「こおえん」と書く
□「あさって」を「あさて」と書く
□「でんしゃ」を「でんしょ」「でんしゅ」と読む

□「バーンってするやつ」など擬音が多い
□「あれ」「そこ」などが多い
□音や意味が似ていることばを誤用する

□漢字を覚えるのが極端に苦手
□同じ漢字で音・訓などの読み替えができない
□「木もち」のように意味の違う漢字を使う

□質問の意味がわからない
□どう言えばよいのかわからない
□「AさんがBさんに本を渡す」などで助詞を使い誤る

□文と文を適切な接続詞で結べない
□「それ」が何を指しているかが理解できない
□読解問題で何を聞かれているかわからない
□作文に何を書いたらよいのかわからない

花も恥

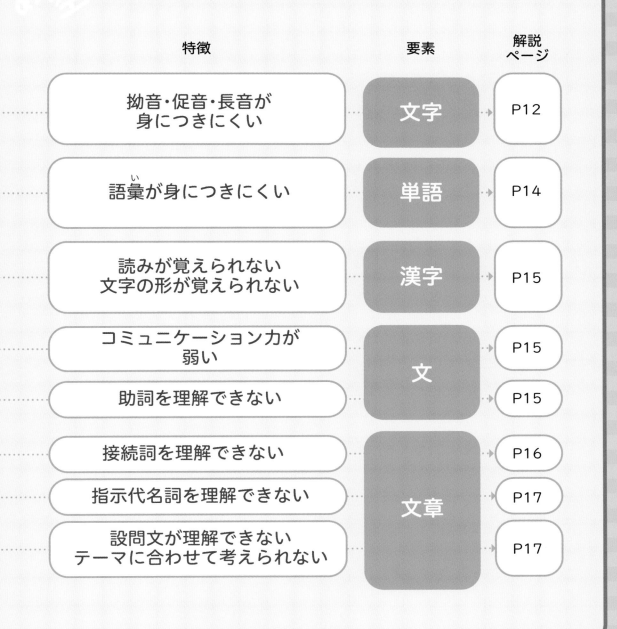

特徴	要素	解説ページ
拗音・促音・長音が身につきにくい	文字	P12
語彙が身につきにくい	単語	P14
読みが覚えられない文字の形が覚えられない	漢字	P15
コミュニケーション力が弱い	文	P15
助詞を理解できない		P15
接続詞を理解できない	文章	P16
指示代名詞を理解できない		P17
設問文が理解できないテーマに合わせて考えられない		P17

解説　文字

　読解や作文では、文字を読み書きをできることが前提となっているため、内容を理解する力や表現力があっても、文字の読み書きにつまずきがあると読解や作文の取り組みが困難になる。

　文字レベルでの困難の要因となるのは、「読み書き障害」や「書字障害」である。

> 読み書き障害：読みに困難がある。読めないために書きにも困難が出る。
> 書字障害　　：読みに問題はないが、書く際に文字がスムーズに想起できなかったり形を間違えたりする。

読み書き障害による特殊音節の習得や内容理解のつまずき

　「読み書き障害」における読みの困難は、幼児期から低学年では読みの習得の遅れ、低学年から中学年では拗音（「ゃ・ゅ・ょ」のつく音）、促音（「っ」の音）、長音（「こうえん」のように伸ばす音）など特殊音節の習得の遅れとして表れる。

　読みに当たって文字を音に変換することに努力を要するため、単語のまとまりを捉えられなかったり意味の理解に至らなかったりすることが多く、音読の速度だけではなく内容理解にも影響が出る。

　しかし国語では、単元の教材を「何度も読む」という練習を重ねることによって内容を覚えて「唱える」子どもは、一見、読めているようであり、読みの困難さに気づかれにくい。

読み書き障害　●拗音・長音・促音の習得の遅れ

こおえん

こえん

こうえん

・　書字障害によるカタカナの書字の遅れや漢字の書き間違い

　書字障害における書きの困難は、低学年ではカタカナの書字習得の遅れとして表れやすい。漢字学習が始まると、読みの状態に比べて極端に習得が進まないことや練習量に対して習得できる数が極端に低くなることで気づかれる。

　文字を想起するのにやや時間がかかったり書き間違えたりすることも多いため、書字に時間がかかることもある。

・　不器用さにより書くことが苦手な子も

　書字障害とは別に、不器用なためにたくさん書くことやきれいに書くことが難しい子どもたちもいる。書字動作に苦痛を感じるため、漢字の書き取りや計算問題の書き写しがある宿題、板書の書き写し、作文など、書字を伴う課題に拒否を示すことがある。書字障害のある子どもは、こういった不器用さを併せもちやすく、書字そのものの困難と不器用さを切り離して評価することは難しい。

書字障害
●カタカナの書字習得に遅れ　　　●漢字の書き間違い

不器用さによる書きの困難
●不器用なためたくさん書くことが苦手　　　●きれいに書くことが苦手

解説　単語

バーンって
するやつ

あれ

そこ

●ジェスチャーが多い

●指示代名詞や擬音が多い

指示代名詞や擬音が多い子どもは要注意

　文の理解や表現の基礎となるのは、語彙力である。単に「多くのことばを知っている」というだけではなく、意味を理解する力やいろいろな状況や文脈に合わせて使う力が必要である。

　やりとりは一見スムーズでも、ことばの代わりにジェスチャーが多かったり、「あれ、そこ」などの指示代名詞や「バーンってするやつ」のような擬音が多かったりする子どもは、語彙が少ない可能性がある。また、知っていることばが多くても、文脈の意味や状況に合わない使い方をしている子どももいる。

漢字の習得に影響する語彙力

　語彙力は、読解や作文だけではなく、漢字の習得にも影響を与える。低学年であれば、会話で使うことばの漢字を習うが、学年が上がるにつれて熟語や学習で使う抽象的なことばの漢字が増えてくる。語彙が少ないと、熟語や抽象的なことばそのものを知らないこともあり、読みを覚えることが難しくなる。

解説　漢字

　漢字は文字の1つであり、読解や作文に使われるツールである。困難の要因となるのはひらがなやカタカナと同様、読み書き障害や書字障害、不器用さによる書字動作の苦痛などによるつまずきである。

　しかし、漢字は、基本的に文字（形）と読み（音）の一対一の対応であるひらがなやカタカナとは異なり、文字（形）と読み（音）のほかに意味という要素がある。

　さらに、漢字は文字（形）に対して読み（音）が複数あるものが多く、読み書き障害では文字と読みの対応を覚えることに弱さがあるため、漢字の習得ではより困難が大きくなる。漢字の形が複雑であることや習得しなければいけない数が多いことから、書字障害ではなくても、書字の困難は出やすい。

　また、漢字は日常会話で使われることが少ない、抽象的なことばや熟語の表現に使われることが多い。そのため、語彙力にも影響されやすく、語彙の少ない子どもでは漢字の習得につまずきが出たり、訓読みはできても熟語などへの読み替えにつまずいたりすることがある。

解説　文

コミュニケーションの力と助詞理解が必要

　文の理解や表現では、語彙の力や文法の理解、表現などが必要になる。また、読解で「質問に答える」、作文で「相手に伝える」などには、コミュニケーションの力も重要である。学習につまずく子どもは、「何を聞かれているかわからない」「何を言えばよいかわからない」といったコミュニケーションの弱さによって読解や作文の取り組みが難しくなっていることも少なくない。

Aさんに
Bくんが〜

Aさんが
Bくんに〜

●助詞がわからないと
　文の理解が難しい

　さらに、文の理解には、助詞の理解が必要となる。「男の子が椅子に座る」のような文では、助詞を正しく理解できなくても単語だけで文の意味を理解することができる。しかし、「AさんがBくんに本を渡す」のような文では、助詞を入れ替えると「AさんにBくんが本を渡す」となり、意味が変わる。そのため、助詞が表す意味を正しく理解することが必要である。

　受動態や使役の文では、述部の表現が変化する（～される、～させる）。時制（～する、～した）や表現者の判断（～だろう、～かもしれない）も述部の表現で変わるため、日本語では述部のある文末まで読んだり聞いたりしなければ正しい意味を判断できない。

　作文でも、正しい助詞の使用や時制の表現ができなければ、伝えたい内容があっても正しく伝えることが難しくなる。

解説　文章

・ 接続詞の理解が必要

　「文章」とは、いくつかの「文」を連ねてまとまった内容を表しているものである。文章レベルになると、接続詞（だから、でも、それから、など）や指示代名詞（あれ、この、そこ、など）の理解が必要になる。

　接続詞は、種類によって次にどのような意味の文がつながるかを予測できるため、読解では内容理解の助けとなる。しかし、接続詞そのものの意味を理解できていないと、2つの文の関係性やつながりを正しく理解できず、意味を捉え間違えることがある。

　作文をさせると、バラバラの内容の文を「そして」や「それから」などを使って羅列するだけになってしまうことが多い。また、読解も作文も、長い内容を覚えておきながら考える必要があることから、ワーキングメモリや情報を整理して構

成する力の弱さなどの影響も大きい。

・　指示代名詞の理解が必要

　指示代名詞は会話でも使われることが多いが、会話では視線や指さしなどの情報もあるため比較的理解しやすいのに対し、文章では文字だけの情報となるために理解しにくい子どもが多い。

　また、以下のAのように「それ」という指示代名詞が「おやつ」という単語を指す場合は理解しやすいが、Bのように「それ」が「晴れると空が青く見えること」という文節を指す場合は理解が難しくなる。

A：お母さんがおやつを出した。女の子がそれを食べた。
B：なぜ晴れると空は青く見えるのか。私はそれを自由研究で調べた。

だから…
でも…
●接続詞がわからないと
　文章の理解が難しい

それって
何？
●指示代名詞がわからないと
　文章の理解が難しい

　指示代名詞の理解が難しいと、作文のような自由に表現する場合に指示代名詞を使うことができず、同じことばを何度も書いたり、ことばを省略しすぎて言いたいことが伝わりにくくなったりする。

・　設問文の意味や答え方の指示を理解することが必要

　読解では、文章の理解ができていても、設問の文の読み取りにつまずく子どもが多い。設問では、答え方も指定されていることが多く、学年が上がるにしたがって設問の内容も複雑になる。しかし、答え方の読み取りができていないまま解答欄のマスを埋めている子どもも多い。

　作文では、文で表現する力だけではなく、テーマにかかわる知識やイメージする力も必要となるが、自分の身の周りであったことを想起してテーマに結びつけることができず、「何を書けばよいかわからない」という子どもがいる。

1

ひらがなの特殊音節を中心に

文字の読み書き

子どもの様子

□「きゃ・きゅ・きょ」を含むことばの読みで、読み間違いがある
　（「おきゃくさん」を「おきょくさん」「おちゃくさん」と読む）

□「きゃ・きゅ・きょ」を含むことばを、正しく書けない
　（「しゅくだい」を「しょくだい」「きゅくだい」と書く）

□「あさって」と書こうとして「あさて」になる

□「あさって」と書こうとして「あっさて」になる

□「いっぱい」は書けるが、「しゅっぱつ」は「しゅぱつ」になる

□「こうえん」と書こうとして「こえん」になる

□「こうえん」と書こうとして「こおえん」になる

□「こうえん」は書けるが、「きょうしつ」は「きょしつ」になる

□ひらがな・カタカナは読めるが、書けない

□ひらがな・カタカナを思い出して書くのに時間がかかる

□文字のバランスが悪く、とめ・はね・はらいがあいまい

　ひらがなの読み書きでは、拗音・促音・長音などの読み書きにつまずく場合が多く見られる。ここでは知的発達に遅れのない子どもへの拗音・促音・長音の読み書き指導を中心に紹介する。そのほか、ひらがなの読みやカタカナの読み書きにおける指導上の留意点についても押さえておいてほしい。

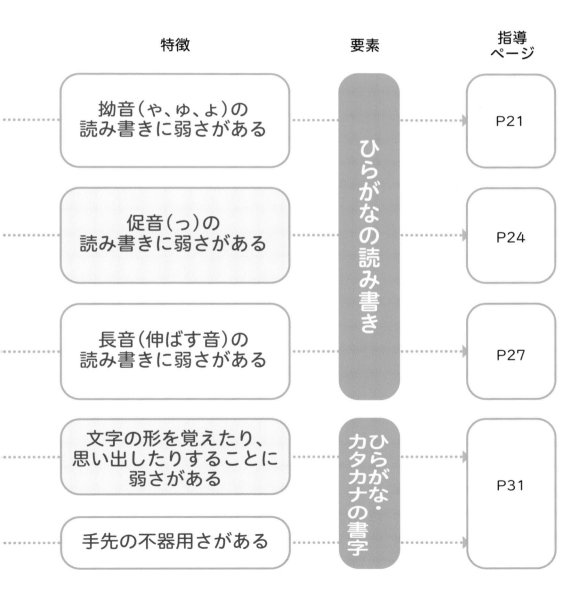

特徴	要素	指導ページ
拗音（や、ゆ、よ）の読み書きに弱さがある	ひらがなの読み書き	P21
促音（っ）の読み書きに弱さがある		P24
長音（伸ばす音）の読み書きに弱さがある		P27
文字の形を覚えたり、思い出したりすることに弱さがある	ひらがな・カタカナの書字	P31
手先の不器用さがある		

解説　ひらがな・カタカナの読み書き

・　拗音・促音・長音のつまずき

　ひらがなを「読めない」「書けない」というつまずきがあることは少ないが、正確性を欠く内容として多いのは、拗音・促音・長音などの特殊音節の読み書きである。カタカナは「読めない」というつまずきは学年が上がるにつれて減るが、「書けない」というつまずきは残りやすい。漢字は「読めない」「書けない」というつまずきがともに多い。

　読み書きの速度が遅い様子として困難が表れることが多いため、文の読解や作文でつまずきがある場合、まず基本の読み書き能力に問題がないかを確かめるとよい。

●拗音・促音・長音につまずく

き…や
きや…

●漢字の読み書きにつまずく

指導 拗音・促音・長音

拗音・促音・長音の読み書きにつまずきがある場合、背景に音韻認識[*]の弱さやワーキングメモリの弱さなどがある。そのため、「何度も繰り返す」という練習では音の数や違いを捉えたり、表記を覚えたりすることが難しい。

指導に当たっては、音の数や違いを捉える方法や表記のルールを伝え、それらの方法を意識して使えるようにすることを目指す。

1 拗音の指導

「きゃ・きゅ・きょ」など同じ行を使って拗音の指導を行うと、音も文字も似ているため、子どもが「ゃ・ゅ・ょ」の音の違いと表記の違いに気づいて覚えることは難しい。そこで、それぞれの音と表記を一致させやすいよう、行ではなく「きゃ・しゃ・ちゃ…」といった段のまとまりで指導を行うとよい。〈図1-1〉の「拗音カード」を用意し、段ごとに下記の練習を行う。

教材シート① 拗音カード

別冊2p

りゃ	ぴゃ	ひゃ	ちゃ	しゃ	きゃ
りゅ	ぴゅ	ひゅ	ちゅ	しゅ	きゅ
りょ	ぴょ	ひょ	ちょ	しょ	きょ
	みゃ	びゃ	にゃ	じゃ	ぎゃ
	みゅ	びゅ	にゅ	じゅ	ぎゅ
	みょ	びょ	にょ	じょ	ぎょ

〈図1-1〉拗音カード

----

[*] 音韻認識：音韻意識ともいう。ことばを音の単位で捉える力で、さかさまことば（トンボ→ボント）やしりとりは、この力の発達によってできるようになる。文字学習の土台の1つでもある。

きゃ　しゃ　ちゃ　にゃ　ひゃ

みゃ　りゃ　ぎゃ　じゃ　びゃ　ぴゃ

〈図1-2〉

1）指導者が言ったカードを取る

　前のページの〈図1-1〉を〈図1-2〉のように切り離して「ゃ」のつくカードを並べ、指導者が言ったカードを探させる。初めは「き〜ゃ〜」と音を引き延ばして音の違いを強調すると、聞き取りやすくなる。「きゃ」と「りゃ」、「みゃ」と「にゃ」のように似た音の区別はしにくいため、違いを強調して言ったり口の動きを見せながら聞かせたりするとよい。

き〜ゃ〜

2）カードを見て読む

　カードを1枚ずつ提示し、読ませる。事前に「『ゃ』のつく音だから、最後は『ゃ』の口で終わるよ」と文字と読みの関係を伝えておく。

　読み方に迷うときには、「き」「や」と1文字ずつ読ませてから、「き…や、きや、き・ゃ、きゃ」と少しずつ音をくっつけると「きゃ」という音になるという『読み方のルール』を教え、わからないときにはそのルールを使って自分で確かめられるようにする。

きゃ

きゃ

3）聞いて書く（単音）

「『ゃ』のつく音の練習」ということを伝えたうえで1音ずつ聞かせ、書かせる。拗音は1音を2つの文字で表記するため音の数と文字の数が一致せず、混乱しやすい。そこで、（学校では拗音を2マスに書くよう指導されるが）音の数とマスの数を一致させるため、拗音を1マスに書かせるとよい。

音を聞いてもどう書くのかわからないときには、「きゃ、き・ゃ、きや、き…や」とだんだん引き伸ばして言うと2つの音に聞こえてわかりやすくなるという『書き方のルール』を教え、わからないときに自分で確かめられるようにする。

4）聞いて書く（単語）

「『ゃ』のつく音が入ったことばの練習」ということを伝えたうえでことばを聞かせ、書かせる。拗音と促音（しゅっぱつ）、拗音と長音（きゅうり）が重なったときに間違いが起こりやすい。練習には、子どもが知っていることばで、促音や長音、ほかの段の拗音を含まないことばを選ぶ。

こんにゃく

拗音のあることばの書き取りではいきなり書かせるのではなく、下記の手順で音の数や拗音の位置を意識させてから書かせ、間違わずに書く方法の定着を図る。

①ことばを聞いて音の数を考えるよう、事前に予告する。

②拗音を含むことばをゆっくり言う。

③次のページの〈図1-3〉のように、音の数がわかったら、その数だけマスに印をつけさせたり、使わないマスに×をつけさせたりして、音の数を明確にする。

④拗音の位置を考えさせる。

⑤拗音の位置に印をつけさせたり、次のページの〈図1-3〉のように小さい字を記入するための○を描かせたりしてから、ことばを書かせる。

例：こんにゃく

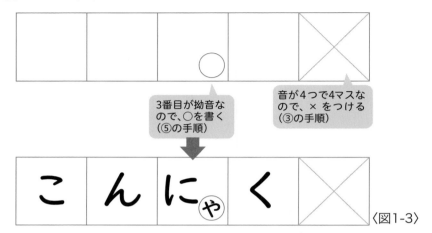

3番目が拗音なので、○を書く（⑤の手順）

音が4つで4マスなので、× をつける（③の手順）

〈図1-3〉

　もし、上記のような手順でも音の数や拗音の位置がわかりにくいような場合には、指導者はマスを1つずつ指さしながらわかりやすくことばを聞かせる。

　さらに、段ごとの練習で『読み方のルール』や『書き方のルール』が理解できるようになったら、「きょうかしょ」など「ゃ」と「ょ」、「ゃ」と「ゅ」、「ゅ」と「ょ」の2つの段を混ぜて同じように練習をする。2つの段でもルールを考えて読み書きできるようになれば、3つの段を混ぜて練習を行う。練習では、事前にどの段を混ぜるのか、「『ゃ』のつく音と『ょ』のつく音が入ったことばの練習をするよ」など予告することがポイントである。

　段を混ぜるタイミングは、「スムーズに読めるようになったら」「間違えなくなったら」ではない。間違えても自分で『読み方のルール』『書き方のルール』を思い出して修正ができるようになったり、時間がかかっても自分でルールを考えて正しく読み書きできるようになったりしたら、「段を混ぜても同じルールで考える」という練習をするとよい。

② 促音の指導

　読み書きにつまずきがある子どもでも、知っていることばであれば促音を含むことばの読み方を間違えることは少ない。しかし、書くときに間違える子どもは多く、促音を抜かしたり位置を書き間違えたりすることが多い。

● 促音を抜かす

● 促音の位置を間違える

あさて
あっさて

　促音は、詰まっていて音が空白になっている部分を「1音」として認識し、それを「っ」と表記している。しかし、音韻認識に弱さがあると空白部分を認識しにくかったり、空白があることは理解してもその位置がわかりにくかったりする。そのため促音の指導では、詰まる音が1音であると意識させるために「っ」を含めて単語の音の数を数えさせたり、詰まる音の位置を考えさせたりすることが必要である。その際、「耳で聞いて数えさせる」「何番目が詰まる音か頭の中で考えさせる」のではなく、タイルやおはじきなどの視覚的な手がかりを用いて練習を行う。

　促音を書く指導では、「音の数と位置を正しく捉えられること」に重点をおき、下記の手順で指導を行う。

1）音の数を考える

例：あさって

あ　さ　っ　て

指導者が
手をたたきながら言う

タイルを並べさせる

「『っ』のつく音が入ったことばの練習」ということを伝えてから、ことばを聞かせ、音の数だけタイルを並べさせる。練習には、子どもが知っていることばで、拗音や長音を含まないことばを選ぶ。

指導者がことばを聞かせるときには、1音ずつゆっくり聞かせ、音に合わせて手をたたいたりして空白部分（促音部分）も1音であることを意識させる。

2）促音の位置を考える

並べたタイルの中で、促音が何番目かを考えさせる。今度は子どもにことばを言わせ、促音の位置を考えさせる。ことばを言うときは、並べたタイルを1つずつ指さしながらゆっくり言うように伝える。難しいようなら、初めは指導者が指さしながらことばを聞かせ、慣れてきたら子どもがやるようにするとよい。

促音の位置がわかったら、その位置のタイルをほかの色に変えたり目印になるものをタイルの上に置かせたりする。

例：あさって

初めは指導者が指さしながら言って聞かせ、慣れてきたら子どもにさせる

「っ」のタイルの色を変える

3）タイルを見て書く

タイルを参考にして、同じ数のマスにことばを書かせる。タイルの数とマスの数は同じであること、■が「っ」になることを意識させ、マスの数や促音の位置を考えて書くよう伝える。

③ 長音の指導

　長音も、促音と同じように、知っていることばであれば読み方を間違えることは少ない。書きでは長音を抜かす誤りや、「う」と書くべきところで「お」（こおえん）、「い」と書くべきところで「え」と書く誤り（せんせえ）が見られる子どもがいる。前者は、音韻認識の弱さにより伸ばした音を1音と認識できないためであり、後者は、聞こえる音と使う字が違うことが混乱の原因となっている。例えば、逐次読み[*]をしている子どもでは「こうえん」を「コ・ウ・エ・ン」と1文字ずつ時間をかけて読み、普段聞くことば（コーエン）とは違うことばだと認識してしまうために意味を理解できないことがある。

　長音が抜ける子どもには、伸ばす部分を1音として意識させるため、促音と同様に、音の数を数えさせたり長音の位置を考えさせたりする指導をする。一方、長音の表記を間違える（違う文字を書く）子どもには、書き方のルールを教える。

1）長音の位置を考える ～長音が抜ける間違いの場合～

　長音を含むことばをひらがなで提示し、伸ばして読む部分を考えさせる。伸ばす音は「あ・い・う・え・お」で表記されていることを伝え、伸ばして読む部分に印をつけさせる。初めは「あ段＋長音（おかあさん）」「い段＋長音（しいたけ、おにいさん）」「う段＋長音（さんすう、くうき）」のことばで練習し、慣れてきたら「え段＋長音（せんせい、かていか）」「お段＋長音（ほうき、こうえん）」のことばで練習する。

例

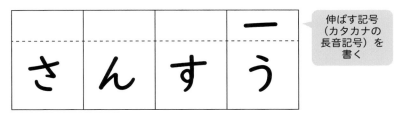

---

* 逐次読み：ことばや文を、1文字ずつ区切って読むこと。

　　練習には、特別なルールの長音（おねえさん、こおり、とおく、おおかみ、おおい、など）は入れず、基本のルールで読みの練習を行う。また、子どもが知っていることばで、拗音や促音を含まないことばを選ぶ。

　　記号を書いたら、1文字ずつ指さしながら読ませる。このとき、長音部分はひらがなではなくカタカナの長音記号を指さして意識させるようにし、カタカナと同じように伸ばして読むよう伝える。

2) 音の数を考える ～長音が抜ける間違いの場合～

　　「伸ばす音が入ったことばの練習」ということを伝えたうえでことばを聞かせ、音の数だけタイルを並べさせる。長音の読みと同様に、まず、「あ段＋長音（おかあさん）」「い段＋長音（しいたけ、おにいさん）」「う段＋長音（さんすう、くうき）」のことばで練習し、音の数を正しく捉えられることを目指す。

①音の数を数える

　　ことばを聞かせるときには、1音ずつゆっくり聞かせ、音に合わせて手をたたいたりして長音部分も1つ分の音であることを意識させる。

　　例：さんすう

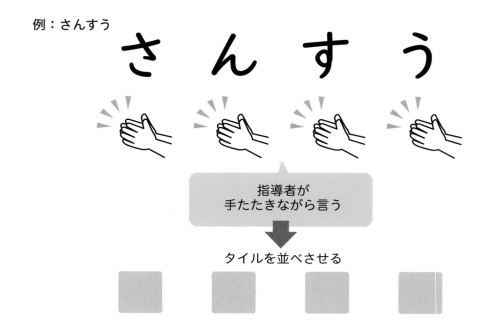

さ　ん　す　う

指導者が
手たたきながら言う

タイルを並べさせる

②タイルを見て書く

　タイルの数を参考にことばを書かせる。タイルの数とマスの数は同じであること、伸ばす音は伸ばしたときに聞こえる「あ・い・う」と書くことを教える。

3) 書き方のルールを教える ～違う文字を書く間違いの場合～

　え段＋長音（せんせい、けいさん）、お段＋長音（こうえん、そうじき）それぞれの練習をし、伸ばしたときに聞こえる音と書く文字が違うことを意識させる。

	聞こえる音	書く字
え段＋長音	せんせえ	せんせい
お段＋長音	こおえん	こうえん

　次のページの〈図1-4〉の「長音のルール表」を使って、ことばを聞いて書く練習をする。初めは「え段」だけ、「お段」だけで練習をして、表の見方がわかってきたら、すべての段を混ぜて聞いて書く練習をする。わからないときは自分で表を確かめさせるようにし、「ルールを覚えること」ではなく「表でルールを確かめる習慣をつけること」を目標にする。

　基本のルールとは異なる表記のことば（おねえさん、こおり、とおく、おおかみ、おおい、など）は、「特別なルール」として表記の違いをその都度教える。お段で長音を「お」と表記することばを覚えるための唱えことば「とおくのおおかみ、こおりのうえを……」があるが、読み書きに苦手がある子どもはワーキングメモリにも弱さがあることから、唱えことばの記憶を苦手とすることが多い。そのため、一度に覚えさせるのは避けるべきである。

教材シート② 長音のルール表

別冊 3p

															のばす時に聞こえる音	のばす時に書く文字
りゃ	みゃ	ひゃ	にゃ	しゃ	きゃ	わ	ら	や	ま	は	な	た	さ	か	あ	あ
							り		み	ひ	に	ち	し	き	い	い
りゅ	みゅ	ひゅ	にゅ	しゅ	きゅ		る	ゆ	む	ふ	ぬ	つ	す	く	う	う
							れ		め	へ	ね	て	せ	け	え	い
りょ	みょ	ひょ	にょ	しょ	きょ		ろ	よ	も	ほ	の	と	そ	こ	お	う

〈図1-4〉長音のルール表

4）拗音・促音・長音を複数含む表記を練習する

　拗音・促音・長音それぞれの表記のルールをある程度理解できるようになったら、2種類を含むことばの表記について練習する。いずれの練習でも、次の手順で練習する。

①どの種類の表記が入ることばかを事前に伝える（拗音と長音、促音と長音など）。

②手をたたきながらことばを聞かせ、音の数や特別な表記をする音の位置を考えさせる。

③音の数や位置がわかったら書く。

　最終的には、3種類すべての表記を含むことばで練習したり、事前にどの表記が入っているかを伝えずに子どもが聞いてことばを書く練習をしたりする。

指導 文字習得の支援のポイント

1 文字の読みの指導を意味理解につなげる

　読みの指導では、「正しく読める」よりも「読んで意味がわかる」を目標にしなければならない。文字の読みを練習する際にも、ひたすら1文字ずつの読みを正しくできるようにするのでなく、文字は意味を理解するためのツールであるということを意識して指導してほしい。逐次読みをしている子どもや、ひらがなの読みにも困難がある子どもは、「読む＝音に変える」ことに気をとられ、意味への注目が弱くなることがある。指導者も、「読めたら意味がわかる」と考えて正しく読めることだけを目標にしてしまいがちなので、意味理解のための指導という視点を大切にしたい。

　〈表1-5〉のように文字種・文字数・練習方法それぞれを少しずつ変化させながらレベルを上げていくとよいだろう。

文字種	①清音のことば ②濁音・半濁音を含むことば ③拗音・長音・促音を含むことば
文字数	① 2文字 ② 3 〜 5 文字 ③ 2語文→多語文
練習方法	①ことばと絵のマッチング（ことばを読んで絵の下に貼る・線でつなぐ） ②絵に合うことばや文を、複数の選択肢の中から選ぶ ③簡単な文の質問の答えを、ことばの選択肢の中から選ぶ ④簡単な話を読んで、質問の答えを書く

〈表1-5〉読み指導の段階

　学年が上がると、教科書で使われている文の長さや量、内容は難しくなる。そのため読みが困難な子どもは、「聞いて理解できる」内容や量に比べて「読んで理解できる」内容や量が少なくなり、授業の理解に影響が出てくる可能性がある。

　通常の学級とは別に読みの指導を行う環境がある場合は、その特別な場では子どもの読み能力に合わせて量を減らし、正しく読めればすぐにわかるような内容で指導を行うほうがよい。また、通常の学級の授業では内容理解に重点を置き、読み書きの困難には子どもに合わせて適切な支援や環境を提供する必要がある。

2 書きの指導は明確で具体的に

●文字の形が覚えられない、
　思い出すのに時間がかかる

●手先の不器用さにより
　たくさん書くことや
　バランスよく書くことが難しい

　ひらがなやカタカナの読みに問題がなく書きにつまずきがある場合、「何度も書く・なぞる・書き写す」といった方法では習得につながらない。そうした方法を経ても書けないのは、練習量に問題があるのではなく練習方法が子どもに合っていないからであり、練習方法を変える必要がある。

　書きには、「文字の形が覚えられない、思い出すのに時間がかかる」というつまずきと、「手先の不器用さによりたくさん書くことやバランスよく書くことが難しい」というつまずきがある。書きにつまずきのある子どもは、両方を併せもつことが多い。こういった子どもたちの学校のノートを見ると、形の間違い（線が多い、向きが反対、など）のほか、不器用さが影響する要素（文字のバランス・とめ・はね・はらい、など）も同じように赤ペンで修正されていることが多い。しかし、優先すべきは形の間違いを減らすことであるため、不器用さが影響する要素については修正せず、形の間違いに限定して修正するほうがよいだろう。

　また、形の間違いがある子どもは、目で見ても形の違いを捉えにくいことが多い。そのような子どもに対して赤ペンで正しい形を書いて見せるだけでは、何を

間違えたのか、どうすればよいのかがわからない。形の間違いについては、どのように違うのかをコメントし、気づかせることが必要である。

　文字の形を覚えられない場合、特にひらがなやカタカナでは、「覚えるための練習」をしても定着に時間がかかり、学習意欲が低下したり自信を失ったりすることがある。ひらがな・カタカナの50音表を縮小してノートに貼ったり筆箱の中に入れたりして、「わからないときには見て確認する」という習慣をつけさせるほうがよい。自分で何度も確認するうちに、表を見なくても思い出せる文字が増えてくる。

　目と手の協応[*]に弱さがある子どもでは、形を見て書き写すこと自体に困難がある。このような場合は、線の向きや手を止める位置などをことばで説明しながら書いて見せ、再度説明を聞かせながら書かせて、手の動かし方をコントロールできるようことばで援助する〈図1-6〉。

①横線を書いて
②ストップ
③横線を少し戻って
④カーブする

〈図1-6〉「て」の説明

----

[*]　目と手の協応：目で捉えた形や位置の情報と手や体の運動を連動させる力のこと。

2 学習を支える基礎 単語

子どもの様子

- □「バーンってするやつ」など擬音が多い
- □「あれ」「そこ」などが多い
- □音が似ていることばを誤用する
- □ことばを聞いてもすぐに忘れてしまう
- □ジェスチャーを使って「こうやってする」などが多い

- □よく使うことばでもなかなか出てこない

- □意味が似ていることばを誤用する
- □状況や話の流れに合わないことばの使い方をする

- □難しい熟語は知っているが、身近なことばを知らないことがある
- □名詞はよく知っているが、動詞や形容詞で、知らないことばが多い

あれ…
そこ

バーンって
するやつ

文の理解や表現の基礎となるのは、語彙力である。単に「多くのことばを知っている」というだけではなく、意味を理解する力やいろいろな状況や文脈に合わせて使う力が必要である。また、読みにつまずきのある子どもでは、語彙力を高めることが読みの弱さを支えることにつながる。

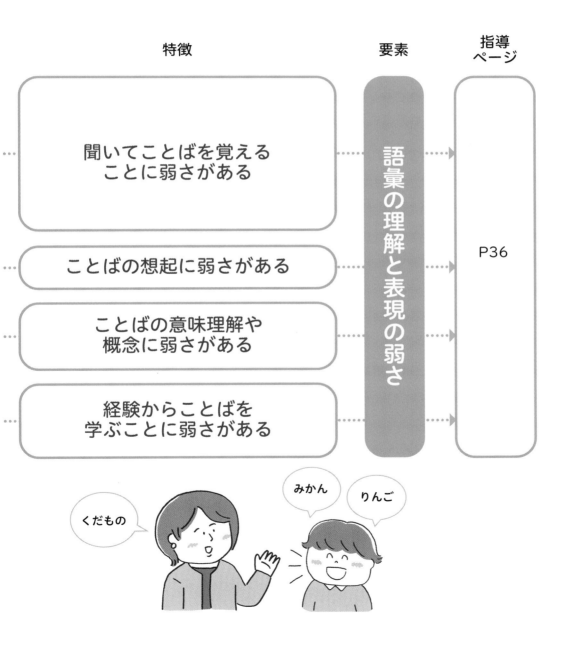

特徴	要素	指導ページ
聞いてことばを覚えることに弱さがある		
ことばの想起に弱さがある	語彙の理解と表現の弱さ	P36
ことばの意味理解や概念に弱さがある		
経験からことばを学ぶことに弱さがある		

指導　語彙の理解・表現

　学習や会話の中でことばを使うためには、概念に基づいて考える、意味を理解する、ことばを素早く思い出して言う（想起する）などが必要である。ことばをたくさん知っていても「乗り物」「新幹線」「ドクターイエロー」といったことばを並列に考えていたり、「バナナもきゅうりも唐揚げも食べ物」のようにおおまかな概念で捉えていたりすると、ことばを読んだり聞いたりしてもその場面に合うイメージを浮かべられず、正しく理解できないことがある。また、言いたいことに合わない表現になることもあり、周囲の人にとっては何を言いたいのかすぐにはわからないことがある。

　語彙について、ここでは主に低学年での指導方法を中心に解説する。

① ことば集め

　ことば集めは、テーマを決めてその仲間のことばを考える課題である。個別指導であれば指導者と交代で、グループ指導であれば1人ずつ順番に「仲間のことば」を考えて口頭で言わせることで、概念に基づいてことばを考える力やスムーズにことばを想起する力をつける。

テーマを決めてことばを集めよう

くだもの

りんご、みかん、
バナナ、いちご…

　テーマは、「動物」「野菜」「果物」などのわかりやすいものから始め、慣れてきたら「木でできているもの」「布でできているもの」のような素材にしたり、「仕事」「あいさつのことば」「春に関係あるもの」のように少しずつ抽象的なものに発展させたりするとよい。テーマに合うことばを思いつかないときには、「形や様子」「使い道」「素材」などのヒントを与えてことばを考えさせると、ことばの理解を育てることにもつながる。また、Aくんが言ったことばをBくんが知らなかった場合は、Aくんに言ったものの用途や形状などを説明させる。そうすることで、ことばでの表現を練習するチャンスになる。

　ヒントや説明を聞いてもわからない場合や知らないものが出てきた場合は、絵つきの辞典やタブレットなどで絵や画像を見せ、イメージをもたせる。

1）語彙が少ない子ども、イメージに弱さがある子ども

　自分でことばを想起することに困難がある子どもでは、〈図2-1〉の「ことば集めシート」と絵カードを使って2種類の仲間のカードを分ける練習から始める〈図2-2〉。「動物」と「野菜」、「果物」と「虫」など、明らかに違うものから始め、分けたあとでそれぞれの仲間と同じものをほかに2つ考える練習をし、「概念に基づいてことばを考える」という意識をつけさせる。

　慣れてきたら「果物」と「野菜」、「動物」と「鳥」のように、似た種類の仲間を分ける練習をする。間違えやすい場合には「果物は、デザートやおやつのときに食べることが多い」「野菜は、料理してご飯のときに食べることが多い」のようにことばの定義を伝え、「このことばはどちらの仲間に入るか」を考えさせる。

教材シート③　ことば集めシート

別冊P4

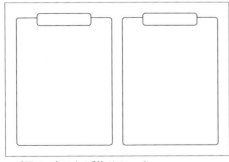

〈図2-1〉ことば集めシート

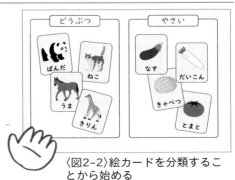

〈図2-2〉絵カードを分類することから始める

2）ことばはよく知っているが、概念の枠組みがあいまいな子ども

ことばをよく知っていても、「虫」のことば集めで「チョウ、トンボ、カブトムシ」に続いて「ヘラクレスオオカブト」「アトラスオオカブト」などカブトムシの種類を言う子どもがいる。

〈図2-3〉概念の枠組みを示す

その場合は、〈図2-3〉のように「カブトムシ」という枠組みに入ることばであることを図で示して概念の枠組みを意識させ、「カブトムシ」ではない「虫」の仲間を考えさせるようにする。

2 ３ヒントなぞなぞ

3ヒントなぞなぞは、3つのヒントをもとに答えを考える課題である。「概念」「形状」「用途」などをヒントにすることで、ことばのもついろいろな意味の側面について考えたり、それらの情報を統合したりする力をつける。

例：

3つのヒントを読んで、答えを考えよう。

①文房具です。←概念

②細長い形です。←形状

③字を書くときに使います。←用途

答え：えんぴつ

指導の留意点

答えがわからない子どもには、次のような方法で考えさせ、「試行錯誤して
答えを考える」という力をつける。
●概念のヒントに合うことばを複数考えさせ（ハサミ・消しゴム・鉛筆・の
　り、など）、その中でほかの2つのヒントに該当することばがないか考え
　させる。
●絵つきの辞典などで概念のヒントに合うページを見せて、ほかの2つのヒ
　ントに合うことばがないか考えさせる。
●形状のヒントに基づいて絵や図を書かせ、イメージさせる。
●追加のヒントを出し、答えをイメージしやすくする。

3 なぞなぞ作り

　なぞなぞ作りは、3ヒントなぞなぞを考える課題である。答えにすることばを
1つ決め、そのことばを説明する「概念」「形状」「用途」などのヒントを考えるこ
とで、ことばのもついろいろな意味の側面について考えたり、それをことばで表
現したりする力をつける。

　例：答えが「バナナ」になるなぞなぞを考えよう
　　　①何の仲間ですか。＿＿＿＿＿＿＿＿＿＿＿＿
　　　②何色ですか。　　＿＿＿＿＿＿＿＿＿＿＿＿
　　　③どんな形ですか。＿＿＿＿＿＿＿＿＿＿＿＿

　ヒントを考えさせるときには、上の例のように答えをそのまま使って「3ヒン
トなぞなぞ」ができるような質問を提示する。自分でヒントを考えることが難し
い子どもには、選択肢（① 野菜／菓子／果物　② 赤／黄色／緑　③ 細長い／四
角い／丸い、など）を設けてそこから選ばせるようにする。
　「用途」のように文で説明する必要があるときは、「（　　　　）を（　　　　）
するもの」のような枠組みを提示するとよい。

4 文作り

　文を作ることに慣れるため、絵に合う単語を考えたり当てはめたりする課題である。語彙の課題として行うには、助詞を書いておき、子どもに単語の部分を考えさせる。

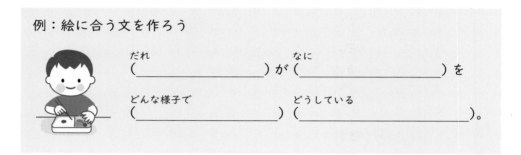

例：絵に合う文を作ろう

だれ
(＿＿＿＿＿＿＿＿＿＿) が (＿＿＿＿＿＿＿＿＿＿) を
　　　　　　なに

どんな様子で　　　　　　　　どうしている
(＿＿＿＿＿＿＿＿＿＿) (＿＿＿＿＿＿＿＿＿＿)。

　自分でことばを考えることが難しい子どもには、①選択肢を設けて絵に合うことばを選ばせる、②同じ絵を使って選択肢なしで単語を考える、というように2段階にして取り組ませると、学んだことばを思い出す機会にもなり、定着しやすくなる。

　なお、子どもの語彙レベルに合わせ、下の例のように選択肢を変えると、同じ絵でもいろいろな子どもに使うことができる。

選択肢の例：

正解しやすい

誰：ゆみちゃん／先生／男の子
何：給食／お弁当／朝ご飯
どんな様子で：おいしそうに／悲しそうに／面白そうに
どうしている：飲んでいる／見ている／食べている

似ている意味

誰：少年／中学生／男の子
何：昼食／お弁当／ご飯
どんな様子で：楽しそうに／うれしそうに／にこにこして
どうしている：食べている／食べようとしている／つまんでいる

評価の課題 1

語彙の評価　語彙の評価には、下の課題が使われている。課題に出てくる語彙や解答方法に少しずつ違いがあるため、課題によって成績に差が出ることもある。その場合は、「課題に出てくる語彙の違いによるものなのか」「解答方法の違いによるものなのか」などを、語彙以外の評価結果と合わせて検討し、指導に反映させるとよい。

〈語彙の評価に使われる課題〉

PVT-R 絵画語い発達検査（2008）	対象：3 歳 0 か月～ 12 歳 3 か月 口頭で提示した語彙に関係するものを 4 つの絵の中から選択させる。
標準抽象語理解力検査 SCTAW（2002）	対象：20 歳代から 60 歳代で標準化されていて、小学 2 年生～中学生の参考データあり 提示した語彙に関係するものを 6 つの絵の中から選択させる。
日本版 KABC-Ⅱ（2013）	対象：2 歳 6 か月～ 18 歳 11 か月 認知尺度と習得尺度からなる検査で、習得尺度の 1 つに語彙尺度がある。
LCSA 学齢版 言語・コミュニケーション発達スケール（2012）	対象：小学校 1 年生～小学校 4 年生 言語の 5 つの領域について、10 項目の下位検査で評価を行う。5 つの領域の 1 つに「語彙や定型句の知識」がある。
CARD 包括的領域別読み能力検査（2014）	対象：小学校 1 年生～ 6 年生 読みに関わるいろいろな領域について、8 項目の下位検査で評価を行い、3 つの指数を算出する。指数の 1 つに語彙指数がある。

読み書きの評価　読み書きの評価には、主に下に示すような検査がある。それぞれ、課題に使われている文字の種類（ひらがな、カタカナ、漢字）や長さ（文字、単語、文）など、評価するものが異なる。また、正確に読み書きができるかどうかをみる課題と、速く読み書きができるかどうかをみる課題があるため、1 つの課題だけでは年齢相応かどうかを判断することはできない。

　文字種や長さが異なるいくつかの評価を行い、課題の内容によって成績に違いがあるかどうかを検討する必要がある。

〈読み書きの評価に使われる課題〉

特異的発達障害診断・治療のための実践ガイドライン（2010）	対象：小学 1 年生～ 6 年生 ひらがなの読みの正確性と速度が評価できる。
改訂版 標準読み書きスクリーニング検査 STRAW-R（2017）	対象：小学 1 年生～高校 3 年生 ひらがな・カタカナ・漢字の読み書きの正確性、文章の読みの正確性と速度が評価できる。対象年齢によって評価できる課題が異なる。
URAWSS-Ⅱ（2017）	対象：小学校 1 年生～中学 3 年生 文章の読み書きの速度が評価できる。
ひらがな単語聴写テスト（2010）	対象：小学校 1 年生～ 6 年生 拗音・長音・促音を含む単語の書きの正確性が評価できる。

3 つまずくことが多い
漢字の読み書き

子どもの様子

□漢字の読み方が覚えられない

□訓読みは覚えられるが、音読みが覚えられない

□「空」という漢字を見て「晴れ」と読んだり、「晴れ」と言われて「空」と書くなど、意味の似た字で読み書きの誤りがある

□習った熟語は読み書きできるが、同じ漢字がほかの文や熟語に使われていると読んだり書いたりできない

□漢字を読めるが、形が覚えられない・思い出せない

□形の似た漢字や似たパーツで書き間違いがある

□練習した次の日には書けるが、すぐに忘れる

□「木もち」のように音が同じ漢字の使い誤りがある

　漢字につまずく子からは、「覚えられない」という困りを訴えられることが多く、保護者も担任の先生も「書けない」と思っていることが多いが、具体的な内容を聞くと、書けないだけではなく読めていない子どもも多い。そのため、漢字に関するつまずきがある場合は、読みと書きの評価を行うとよい。

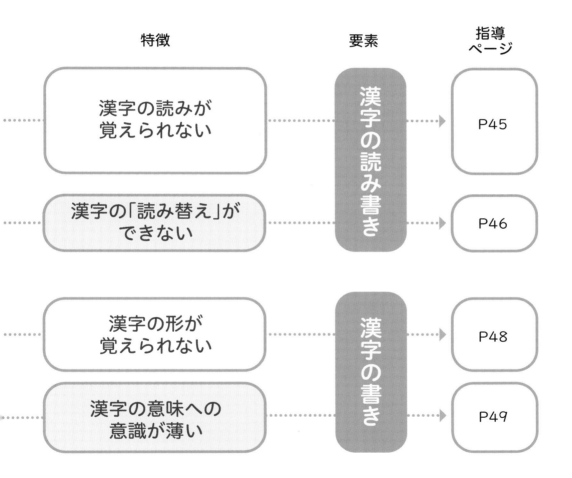

特徴	要素	指導ページ
漢字の読みが覚えられない	漢字の読み書き	P45
漢字の「読み替え」ができない		P46
漢字の形が覚えられない	漢字の書き	P48
漢字の意味への意識が薄い		P49

解説 漢字の読み書き

　漢字の読みと書きの両方につまずきがある場合、ひらがなやカタカナ同様、読みの指導が優先される。一般的には、「何度も書く」という練習を行うが、読めていない子どもが書く練習をしても読みを習得することにはつながらない。また、読めても書きにつまずく子どもは不器用さや視知覚の弱さなどが背景にあることが多いため、「何度も書く」という練習では習得できない。

　知的発達に遅れのある子どもや言語に弱さがある子どもでは、訓読みはわかっても熟語の読みでつまずくことがある。この場合、「読めない」「書けない」という読み書きの問題でつまずいているというよりも、その熟語が知らないことばである可能性がある。そのため、知的発達に遅れのある子どもでは、知的レベル相応の漢字の読みができることを目標にしなければならない。また、言語の弱さがある子どもであれば、漢字の練習だけではなく語彙を増やす練習も同時に行い、理解できることばで漢字熟語の習得を目指すとよいだろう。

　漢字の読みのつまずきでは、そもそも読みが覚えられない場合と、学校で習ったりドリルで練習したりした読み方はできるが、同じ漢字がほかの熟語になると読むことができない場合がある。

　また、書きのつまずきでは、漢字の形が覚えられない場合と、1文字ずつの漢字は書くことができて熟語として読むことができるのに熟語を聞いてもどの漢字を使うかがわからない場合がある。

●漢字の形が覚えられない

●熟語を聞いても、どの漢字を
　使うかがわからない

指導 漢字の読み

① 読みが覚えられない場合

　ひらがなやカタカナで「読み書きの習得に時間がかかる」「読みに時間がかかる（速度が遅い）」といった読みの問題がある子どもでは、文字と音の変換（文字を見て音に換える：読み、音を聞いて文字に換える：書き）に弱さがあるため、漢字でもなかなか読みを覚えられないことが多い。しかし、漢字は「文字（形）」「読み（音）」という要素のほか、「意味」という要素ももつ文字である〈図3-1〉。

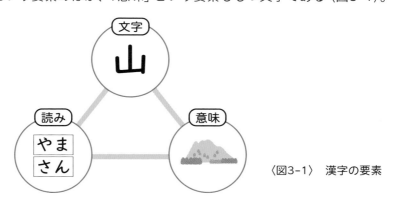

〈図3-1〉 漢字の要素

　そのため、読みの問題により漢字の読みが覚えられない子どもには、意味を表すイラストなどと合わせて文字を見せ、イラストから読み方を「推測させて読む」という練習をするとよいだろう。

　イラストと合わせて読みの練習をする場合、読みの正確さはあまり求めず、絵や漢字を見て意味に合うことばを言えることを目標にする。例えば、「金」という漢字に千円札や100円玉のイラストがついていたら、子どもは「おかね」という言い方をするかもしれない。厳密には「おかね」ではなく「かね」という読みになるが、この練習の場合は「おかね」という読み方でもよしとする。

　この練習は、フラッシュカードのように暗記させることが目的ではない。文字と音の変換に弱さがある子どもは、ワーキングメモリにも弱さがあることが多い

ため、「暗記する」という方法は最も苦手な方法である。イラストと一緒に漢字を見せて意味を確認したら、その漢字を使って、ことばや短い文の読みも合わせて練習したり、形の覚え方を話し合ったり（「山」は山の形と似ている、「雨」は水みたいな点々がついているなど）して、意味や読み方を「考える」という経験をさせることが重要である。

　意味がわかるようになった漢字は、以下の例のように複数の読み方を提示しておき、文や熟語でどのような読み方をするか考えさせる練習をする。この練習では、子どもが意味のわかることばの読みを考えさせるようにする。

例：□の漢字を読んでみよう

読み方ヒント：海〜うみ・かい　　水〜みず・すい
　　　　　　　道〜みち・どう　　車〜くるま・しゃ

車に乗って海に遊びに行く。

川の途中で水車が回っている。

車は車道を走る。

水道から水が出しっぱなしになっている。

② 「読み替え」ができない場合

　学校で習うことばや漢字ドリルに出てきた熟語はすらすら読めるのに、知っていることばであってもほかの熟語になると読むことができない（「読み替え」ができない）子どもがいる。漢字を「繰り返し書く」という練習をしていると、漢字は「覚えるもの」という意識が強く、自分で「読み替え」を考えなければいけないことに気がついていない。それに加えて読み書きに苦手さがあると、「読み替えを考える」という経験をしないまま学年が上がり、さらに読めない漢字が多くなっていってしまう。

　こういった子どもには、読めるようになった漢字の「読み替えを考える」とい

う練習が必要となる。読める熟語をヒントにして「読み方を考える」経験をさせ、自分で漢字の読み方を「考える」という習慣をつけさせる。以下の例の問題であれば、ヒントはそれぞれ「おんどけい」「きょうしつ」となり、ターゲットとなる漢字の読みは、それぞれ「おん」と「しつ」になる。それらをつなげると「おんしつ」となり、意味とも合致する。

例：ヒントをもとに、 □ の漢字を読んでみよう

温室　意味：植物を育てるために温かくした建物
や部屋のこと

ヒント：温度計　　教室

　高学年の子どもには、ヒントの代わりに辞書などでそれぞれの漢字の読み方をすべて調べさせ、「どの読み方を組み合わせると意味の合うことば・知っていることばになるか」を考えさせる。以下の例の問題であれば、「塩」の読み方は「しお・えん」の2つ、「分」の読み方は「ぶん・ふん・ぶ・わ(ける)」の4つであるため、組み合わせは8通りになる。その組み合わせを自分で考えさせたり言わせたりして、「どの読み方が意味に合う正しい読み方か」を考えさせるのである。
　子どもが読むと、違うイントネーションで読んでしまって「知っていることばになった」ということに気づかないことがあるため、指導者が正しいイントネーションで聞かせてもよいだろう。

例： □ の漢字の読み方を考えよう

塩分　意味：物の中に含まれる、塩の量のこと

塩：しお・えん　　分：ぶん・ふん・ぶ・わ(ける)

組み合わせ：しおぶん・しおふん・しおぶ・しおわ
　　　　　　えんぶん・えんふん・えんぶ・えんわ

指導　漢字の書き

① 形が覚えられない場合

　漢字が読めるのに形が覚えられない・形が思い出せない子どもは、不器用さによって書くことそのものに困難があったり、目で見て形を正しく捉えられないために覚えることが難しかったりする。このような場合は、「書く」という作業以外の方法で漢字の形を認識させることが必要である。

　書いて覚えることが難しい子どもには、「聴覚法（2005、春原ら）」という漢字の形を音声言語化して（例えば、「親」という漢字の各パーツの形を「木の上に立って見ているのが親」と言葉にして）覚える方法が使われることが多い。教材も多数市販されているが、それらの教材を使う際に大切なのは、繰り返しの練習だけで覚えさせようとしないことである。導入として教材を使って「漢字の形を音声言語化する」とはどういうことかを子どもに知らせたら、次のような練習をして自分で形に注目し覚える方法を身につけさせる。

指導例

① 漢字を提示せずに音声言語化されたものを伝えて、どんな漢字ができるか考えさせる。

「竹の弓、1本の（ノ）びる」 *

　上記のように、漢字の形を音声言語化されたものを書いて見せ、「下線の字を組み合わせてどんな字ができるか？」を考えさせると、クイズのように楽しく取り組める。（答え：第）

② 漢字の分解のしかたを提示して、言語化のしかたを考えさせる。

　漢字が複雑になると、どのように分ければ言語化できるのかわからない子ども

＊ 出典：『小学生全漢字覚えるカード』学研プラス（2017）

も多い。

そのため、初めは指導者が分解のしかたを提示して、それに合わせた言語化のしかたを考えさせるとよい。

> 「題」→日、下、人、一、自、ハ
>
> ※「下」の部分をさらに「一」「卜」に分けたり、「自」を「ノ」「目」に分けたりしてもよい。

言語化には、カタカナや1年生で習う漢字の理解が必要である。カタカナが未習得の場合は、まずカタカナの習得が必要となる。

③漢字だけを見せて、分解のしかた・言語化のしかたを考えさせる。

分解した漢字で言語化を考えられるようになったら、自分で分解を考えさせる。分解を考えさせることは、形をよく観察することにもつながり、「目」というパーツを「日」と書いてしまうなどの書き誤りが減るだろう。

言語化を考えさせるときは、一般的な書き順に沿った分解・言語化になっているかどうかに注意する。また、部首の名前や意味などを確認しておき、言語化する際にそれを使わせるようにすると、ことばを聞いて漢字を書くときに漢字を思い出す手がかりになる。

2 使う漢字がわからない場合

1つずつの漢字は書けるのに、熟語になると読めても書けなかったり同音異字（読みが同じで意味の異なる字。例えば「木」と「気」など）を当てたりする子どもがいる。これは、漢字の「意味」に対する意識が弱いために起こる。また、訓読み（漢字の意味）がわかっていても、熟語になると音読みになるため意味の要素を意識しにくく、熟語の意味と漢字の意味に関連があることに気づいていない子どももいる。

このような場合は、書く練習の前に意味の説明の練習をする。意味のわかりやすい漢字熟語を使い、次のページに示す指導例のように熟語に入っている漢字を使って熟語の意味を説明させ、漢字と熟語の意味の関連を意識させる。

指導例

①熟語の意味を子どもに説明させる。

例：

青空：青い空のこと

歩道：人が歩く道のこと

入学：学校に入ること

②熟語の意味に合う漢字を考えさせる。

　熟語の意味を考えて、漢字で書かせる。使う漢字がわからないときには、熟語の意味を説明させてから、「意味に合う漢字は何か？」を考えさせる。

例：せんちょう

指導者：「せんちょう」って何のこと？

子ども：船に乗ってる人。偉い人。

指導者：じゃあ、「せんちょう」はどんな字を使う？

子ども：ふね？

指導者：そうだね。「船」は「せん」って読む？「ちょう」って読む？

こども：「せん」

指導者：じゃあ、「ちょう」は、「偉い人」っていう意味のある字なんだけど、学校で一番偉い「校長先生」にも同じ字が入っているよ。どんな字かな？

子ども：「長い」っていう字？

指導者：そうだね。じゃあ、「せんちょう」って書いてみよう。

③意味に基づいて漢字に合う部首を考えさせる。

　熟語や漢字の意味に合う部首を考えさせると、「意味に基づいて漢字を思い出す」という習慣につながる。

> ## 例：「でんち」を「電地」と書いている場合
>
> 指導者：「でんち」は「電気を池みたいにためている」っていう意味
> 　　　　なんだけど、「池」は何があるところ？
> 子ども：水。
> 指導者：そうだね。「水」に関係があるのは何へんだった？
> 子ども：さんずい。
> 指導者：そうだね。じゃあ、「でんち」ってどんな漢字を書くと思う？
> 子ども：「でんきのでん（電）」と「いけ（池）」？

　漢字の書きは、正しい形を覚えることが目標である。しかし、子どもたちが学校で修正されてくるノートやプリントを見ると、ひらがなと同様（32ページ参照）に、形の間違いも、バランスの悪さも、とめ・はね・はらいが書かれていないことも、同じように赤ペンで修正されていることが多い。さらに、修正の赤ペンをただなぞって書き直している子どもも多く、何を間違えたのか、次はどこに気をつけて書けばよいのか、わからないままになっている。

　書きに苦手さがある子どもには、「正しい形を覚える」ということに目標をおき、文字のバランスやとめ・はね・はらいについては注意をしないほうがよい。読みにくい文字を書いているときには、「バランスよく」といった抽象的な注意ではなく、「マスからはみ出さないように書く」「文字とほかの文字が重ならないように書く」という具体的な注意にとどめ、それでも読みにくい字になる場合や、書くことそのものに負担を感じるようであれば、ICTの利用などを検討すべきだろう。

コミュニケーション力が土台に
文の理解や表現

子どもの様子

□会話で、質問に合わないことを答える

□会話で、単語や短い文だけで話す

□会話で、経験したことを説明できない（表現）

□会話で、たくさん話すがなにを言いたいのか
　伝わりにくい（表現）

□読解で、質問に合わないことを答える

□読解で、質問のポイントがわからずに関連する部分の文を
　たくさん答えに書く

□作文で、何を書いたらよいかわからない

□作文が短い

□作文で「ほうきのごみにはいた」のような間違いがある

文の理解や表現は、会話での理解や表現が土台となり、それにはコミュニケーションの力が必要であるため、コミュニケーションに弱さがあると学習での文の理解や表現にも影響が出ることがある。また、文法の理解や表現も必要となるが、会話では目の前のものや視線、指さし、ジェスチャーなどで理解を補えるため、助詞を間違えたり抜かしたりすることがあっても気づかれにくい。そのため、聞き取りや口頭での表現などの評価も必要となる。

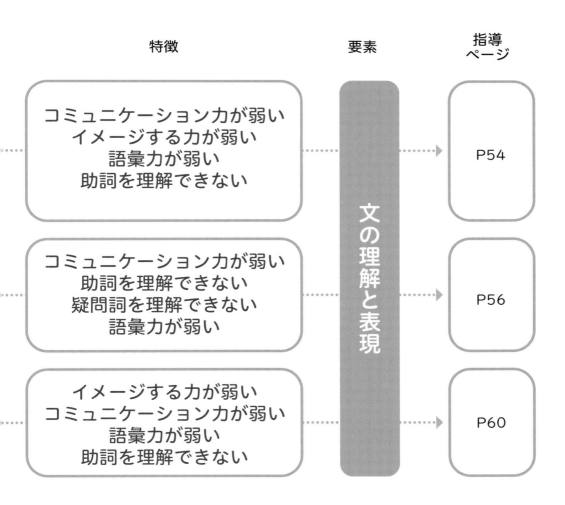

特徴　　　　　　要素　　　　指導ページ

コミュニケーション力が弱い
イメージする力が弱い
語彙力が弱い
助詞を理解できない

P54

コミュニケーション力が弱い
助詞を理解できない
疑問詞を理解できない
語彙力が弱い

P56

イメージする力が弱い
コミュニケーション力が弱い
語彙力が弱い
助詞を理解できない

P60

文の理解と表現

指導　文の読み取りと構成

　文の理解や表現につまずきがある場合、口頭会話での理解や表現にも弱さがあることが多い。そのため、文の指導では読んだり書いたりするだけではなく、文を聞いて理解する力や口頭で表現する力をつけることが土台となる。また、聞き取りや文の読み取りなどの理解の課題では、文（話）の内容だけではなく問題文の理解も重要である。

　ここでは、口頭での理解や表現の指導と、読み取りや文の構成、助詞の指導について解説する。

1　聞き取り

　口頭で短い話を聞かせ、問題に答える課題を行う。ポイントを絞って聞く力をつけるために、初めから文を聞かせるのではなく、まず問題を見せて「何を聞けばよいのか」を確認させる。このとき、問題文の中の疑問詞に注目させること、その疑問詞が何を意味しているのかを意識させることが重要である。

　疑問詞を「質問のことば」という低学年の子どもにもわかりやすい名前にして、問題文の中から見つけさせたり、それが何を意味しているのかを考えさせたりする。「質問のことば」がわかりにくい場合は、文中の単語に印をつけて選ばせる。

指導例

【問題文】　くみちゃん　と　いっしょ　に　遊んだ　のは　だれ　ですか？

指導者：　この問題の中で、「質問のことば」はどれ？「質問のことば」は、聞いていることばのことだよ。『くみちゃん？』って聞いている？　『いっしょ？』って聞いている？　『遊んだ？』って聞いている？　『だれ？』って聞いている？

子ども ： だれ？

指導者 ： そうだね。じゃあ、「だれ」って聞かれたら、何を聞いておけばいい？

場所を聞いておけばいい？　それとも、人を聞いておけばいい？

子ども ： 人

指導者 ： そうだね。だから、この問題は、「くみちゃんと一緒に遊んだ人」を聞いておいてね。

　初めは、文字に色をつけて示した箇所のように選択肢をあげて正しい答えを選ばせ、慣れてきたら選択肢なしで疑問詞の抽出をさせ、それが示す内容を考えさせる。

　疑問詞の確認が終わったら、話を読み上げて聞き取りをさせる。語彙が少ない子ども、知的境界域の子ども、聴覚的ワーキングメモリが弱い子どもには、答えの文字数を指定しておくと、「文字数に合う答えかどうか」を考えて取り組むことができ、間違いにも自分で気づきやすくなる。

【問題】くみちゃんと いっしょに 遊んだのは だれ ですか？

答え：○○○ちゃん

質問のことば

- ●いつ：時間、日にち
- ●どこ：場所
- ●だれ：人
- ●なに：もの、こと
- ●なぜ・どうして：理由
- ●どのように・どんな：様子、方法、種類、など

> **■ 指導の留意点**
>
> ①小学校で使われる「質問のことば」を一覧にして覚えさせるのではなく、
> 　その都度、問題文から「自分で抽出する」「意味を考えさせる」という経
> 　験をさせる。
> ②国語以外の教科でも同じ「質問のことば」は同じ意味を表すことを意識さ
> 　せると、会話にも読解にも応用できるようになる。

❷ 読み取り

　長文読解の基礎となる、短い話の読み取りを行う。下の例のように関係のあり
そうな一文すべてを答えとしてしまう子は、「何を聞かれているか」を理解して
いないことがあり、文章が長くなったり複雑になったりするとつまずいてしまう。

　　　誤りの例：

　　　【お　　話】くみちゃんは、きのう、ゆかりちゃんといっしょに遊
　　　　　　　　　びました。
　　　　　　　　　二人は、公園でボール遊びをしました。
　　　　　　　　　とちゅうで、ボールが転がって行ったので、ゆかりちゃ
　　　　　　　　　んが取りに行きました。
　　　【問題文】二人はどこで遊びましたか。
　　　【答　　え】二人は公園でボール遊びをしました。

　読み取りでは、聞き取りと同じように「質問のことば」を意識させ、聞かれて
いることだけに答えさせ、「何を聞かれているか」「その答えはどこに書いてあっ
たか」を読み取れることを目標にする。指導場面では、問題文の中の「質問のこ
とば」を意識させ、聞かれていることだけを答えとして書くよう、事前に伝える。
　解答後は、指導者が正誤を判断するのではなく、次の指導例のように1つずつ
の問題について、「質問のことばはどれか」「何を聞かれているか」を確認したり、
答えを質問のことばの部分に入れて読ませたりして、話と意味の合う答えになっ
ているかどうかを確認させる。

指導例

> 問題文　：　二人はどこで遊びましたか？
> Bさん　：　公園でボール遊び
> 指導者　：　この問題の中で、「質問のことば」はどれ？
> Bさん　：　どこ？
> 指導者　：　そうだね。じゃあ、「どこ」は、何を聞かれているの？
> Bさん　：　場所
> 指導者　：　答えが合っているかどうか、質問のことばの「どこ」にB
> 　　　　　　さんの答えを入れて読んで確かめてみるから、聞いていて
> 　　　　　　ね。
> 　　　　　　「二人は『公園でボール遊び』で遊びました」
> 　　　　　　どう？　お話に書いてあったのと、同じ意味の文になった？
> Bさん　：　違う。場所だから、公園？
> 指導者　：　じゃあ、もう一回読んでみるよ。「二人は『公園』で遊びま
> 　　　　　　した」
> Bさん　：　合ってる。
> 指導者　：　そうだね。「場所」を聞かれているから、答えは「公園」だっ
> 　　　　　　たね。

　話が長くなったり複雑になったりすると、解答の際には文中からそのまま抜き出すだけではなく、文中の必要な部分だけを選び出して解答したり、条件に合わせた答え方をしたりしなければいけなくなる。その場合は、問題文で「何を聞かれているか」「どう聞かれているか」を意識させ、それに合う答え方を考えさせるようにする。

　次のページの例①では、運動場の中の場所を聞かれているため、それに当てはまることばだけが答えとなる。例②では、お話では「部屋をのぞいてみることにしました」とあるが、問題では「何をしようと思ったのですか」と聞かれているため、それに合わせて「部屋をのぞいてみようと思った」と文末を変えるほうが適切な答えになる。

例①

【お話】ゆかりさんは、運動場の入口から、運動会の練習をして
　　　　いる3年生の横を通って、鉄棒のところまで大急ぎで行
　　　　きました。

【問題】ゆかりさんは、運動場のどこからどこまで行きましたか？

【答え】入口から鉄棒のところまで

例②

【お話】ゆうきくんは、ちょっとだけ部屋をのぞいてみることに
　　　　しました。

【問題】ゆうきくんは、何をしようと思ったのですか。

【答え】部屋をのぞいてみようと思った

　このように文の読み取りでは、話の理解だけではなく、問題文を読み取る力を
つけることが長文読解の理解につながる重要なポイントである。

3 経験したことを伝える

　作文につながる口頭表現を育てるには、目で見たものを伝える力をつけること
が必要である。学校での行事や家庭で出かけたときの写真などを使い、写真に写っ
ている内容について伝える練習をする。

　使う写真は、子どもが知らない間に撮られたものではなく、「発表のために撮る」
ということを子どもが意識しているほうがよい。初めのうちは発表を援助するた
めに、指導者と一緒に経験することを写真に撮っておくとよいだろう（学校の行
事や学級活動など）。

　発表するときは、「いつ・どこ・だれ・何をした」などについて伝えるようルー
ルを決めておく。また、「いつ」「どこ」では、具体的な時間・名称がわからず伝
えられない子どもがいるため、「学校から帰ったあと」「夏休みの終わり」や、「お
ばあちゃんの家の近く」「学校の前」のように、日にちや時間に関する具体的な名
称を使わない言い方を教えていくとよい。

教材シート④ 発表フォーム

別冊 P5

　写真を見るだけで言うことを考えることが難しい子どもには、〈図4-1〉の「発表フォーム」を使い、文で発表できるよう援助する。

　また、少人数グループでの指導では、伝える練習と同時に、発表者以外の子どもが「聞く」練習もできる。しっかり内容を聞かせたり、意味を考える力をつけたりするために、シートを使って発表後に「質問をする」という機会を設けるとよい。

```
（ ぼく・わたし ）は、
いつ
（　　　　　　　　）、
だれと
（　　　　　　　　）といっしょに、
どこ　　　　　　　　なに
（　　　　　　）で（　　　　　　　　）を
しました。
```

〈図4-1〉「発表フォーム」

　質問をさせるときには、次のページの〈図4-2〉の「質問のルール」を事前に伝える。発表を聞くだけで質問を思いつきにくい子どもには、写真を見せて知りたいことを考えさせたり、「どうやってここに行ったと思う？」「行くのにどれくらい時間がかかったと思う？」と質問につながるヒントを出したりするとよい。

　こういった練習を1か月に1〜2回程度行うと、「経験したことを文で伝える」という習慣がついてくる。また、質問を考えることや質問をされることに慣れてくると、発表する内容に関わる情報（日にち・場所の名前・そこにあったもの、など）に注目する力もついてくる。こういった情報に注目する力が、作文の内容を豊かにすることにつながる。

👆 教材シート⑤　**質問のルール**　　　　　　　　　　　　別冊 P6

> ## 質問のルール
>
> ☆発表に関係あることを聞く。
>
> 　例）「公園に行きました」という発表で、「ほ
> 　　　かにどこに行きましたか？」という質
> 　　　問は、関係ないのでしない。
>
> ☆発表で言ったことは聞かない。
>
> 　例）「車で行きました」という発表で、「何
> 　　　で行きましたか？」という質問は、話
> 　　　を聞いていないことになるのでしない。

〈図4-2〉「質問のルール」

４ 経験したことを書く

　写真を使って口頭発表したら、同じ写真を使って文作りを行う。一度口頭で発表しており、内容も文の構成も理解できているため、「書く」という作業が加わっても混乱することは少なくなる。

　口頭発表では、やり取りの中で子どもが自然にそのときの気持ちを言うことも少なくない（もっとしたかった、びっくりした、など）。それを指導者が書き留めておき、文作りのときにつけ加えさせると、感想を表現することにつながる。

　口頭発表の内容を素早く考えることができるようになってきたら、「写真を見て文を書く」「書いた文を読む（発表）」と順番を入れ替えていくと、「自分で文を考える」という習慣がついてくる。

　漢字の読み書きができるのに作文などでひらがなばかりになりやすい子どもには、一度文を書かせたあとで、「この中で、カタカナで書けることばはないか」「習っている漢字で書けることばはないか」を考えさせて「ことばの横にカタカナ・漢字を書く」という練習をする。これも、毎回繰り返して「カタカナ・漢字の表記」を考えさせることで、「いつもぼくはこの字をひらがなで書いてしまう」ということに気づいたり、文を書くときに「あ、漢字を習っていた」と気づいて修正したりできるようになるだろう。

❺助詞の指導

　「文作り」（40ページ参照）で使った絵を使い、助詞を考える課題を行う。初めは、短い文にして選択肢を設け、少しずつ長い文にして選択肢を増やしたり、短い文で選択肢をなくしたりして適切な助詞を考える練習を行う。

　助詞の使い間違いがあるときは、そのとおりに行動するとどのような状況になるかをやって見せて、絵に合う文とは違う意味になることを伝え、助詞にも意味があることを意識させるとよいだろう。

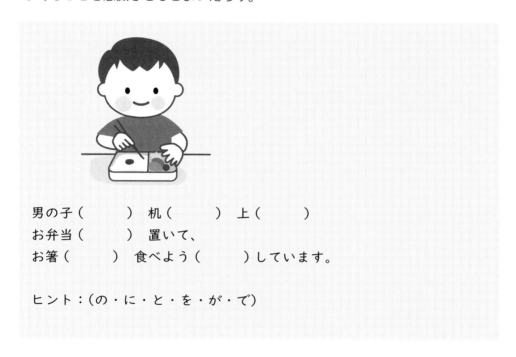

男の子（　　　　）　机（　　　　）　上（　　　　）
お弁当（　　　　）　置いて、
お箸（　　　　）　食べよう（　　　　）しています。

ヒント：（の・に・と・を・が・で）

　例えば「お弁当が置いて」という間違いをした場合、「お弁当さんっていう人が、置いたっていう意味になるよ」とジェスチャーをして見せたり、「お箸を食べよう」という間違いでは、お箸に見立てたものを食べるまねをして見せたりすると、助詞の意味も理解しやすくなる。また、自分で助詞を考えるときにも、実際の動作をイメージして考えることができるようになるだろう。

5

読解の総合の力が必要
文章の理解や表現

子どもの様子

□文中の「それ」「この」が何を指すかわからない
□文中の「それ」「この」が指すものが単語であればわかるが、
　文節になるとわからない

□読解問題で、問題をあまり読まずに答える
□読解問題で、何を聞かれているかがわからない
□読解問題で、指定された答え方ができない

□作文で何を書いたらよいのかわからない
□作文が短い
□作文が、「それから～しました」の羅列になり、内容が薄い
□作文の感想が「楽しかった」ばかりになる

　学校で取り組む国語の読解は、授業の中で何度も読んだり意味を説明してもらったりした題材であることが多い。そのため、特に低学年では国語の読解でつまずきがないように見えることがある。しかし、初見の文章の読解では、つまずきを示す子どもが多い。そのため、語彙や文の理解に問題がなくても、文章の理解については確認が必要である。

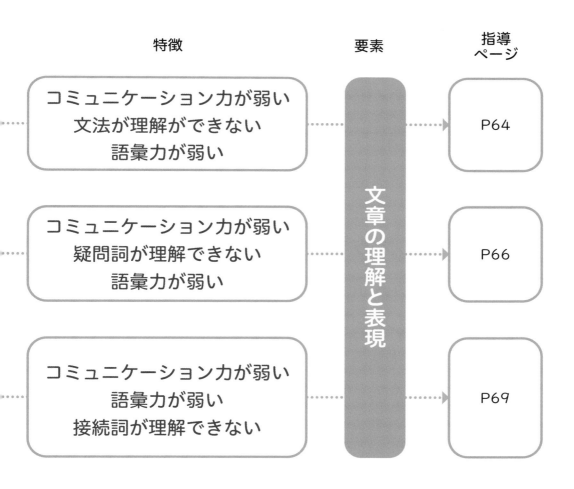

特徴	要素	指導ページ
コミュニケーション力が弱い 文法が理解ができない 語彙力が弱い		P64
コミュニケーション力が弱い 疑問詞が理解できない 語彙力が弱い	文章の理解と表現	P66
コミュニケーション力が弱い 語彙力が弱い 接続詞が理解できない		P69

指導　長文読解と作文

　長文読解では、文章の内容理解を支えることに重点がおかれることが多い。しかし、実際に読解で困っている子どもたちの様子を見ていると、文章の内容はある程度理解していても、問題の理解ができていないために何を問われているかを理解できていないことが多い。

　また、文章理解に必要な指示代名詞の読み取りに弱さがある子どもも多く、これは国語の読解だけではなく、算数の文章題やほかの教科のテストでも問題文の読み取りに影響する。

　作文は、自分の経験や気持ちを言語化、文章化し、文字で表現する活動である。作文では読み手を意識した表現が求められるが、「何を書けばよいかわからない」「どのように書けばよいのかわからない」といった困りが多い。

　ここでは、読解に必要な指示代名詞や問題文の読み取り方の指導と、作文の指導・支援について解説する。

1 指示代名詞の読み取り

　文章中の「それ」「あの」などの指示代名詞が、指し示すものを読み取る課題である。長文読解の一部として練習するよりは、指示代名詞を含む前後2〜3文を抜き出しておいて読み取りの練習をさせるほうがよい。

例）
ぼくは、お母さんにくつを買ってもらった。

[それ] をはいて、学校に行った。

[それ] ：くつ

　この例のように、簡単な文であれば、指示代名詞の指している内容を比較的見つけやすいが、文が長くなったりことばが増えたりすると、指し示すものがわかりにくくなる。そこで、「指示代名詞の探し方のルール」を次のように伝え、指し示すものが書かれている場所の見当を自分でつけられるようにする。

指示代名詞の探し方のルール

「それ」「ここ」のように、話をしながら物を指さすときは、
自分の体より「前」を指す。
→同じように、指示代名詞よりも「前」に、答えのことばがある。

上のルールを提示したあと、初めは下のように探す場所（指示代名詞よりも「前」）を囲ってみせる。

> ┌─────────────────────────────┐
> │ ぼくは、お母さんにくつを買ってもらった。 │
> └─────────────────────────────┘
> ┌──────┐
> │ それ │をはいて、学校に行った。
> └──────┘

答えを指示代名詞の部分に入れて読ませ、文の意味に合う答えになっているかどうかを確認させる。

> ぼくは、お母さんにくつを買ってもらった。
>
> ┌──────┐
> │ それ │をはいて、学校に行った。
> └──────┘
> 答え：くつ
>
> →ぼくは、お母さんにくつを買ってもらった。
> 　くつをはいて、学校に行った。

文の内容によっては、図示させて「この中のどれを指しているか」を考えさせるほうがわかりやすい場合もある。例えば、次のような文の場合、「そこ」とは場所を指すことばであるが、「公園」だけを答えてしまう子どもが多い。

> ぼくは、友だちみんなと遊ぶ約束をして、3時に公園の前で待ち合わせをした。
> ぼくが、3時にそこへ行くと、友だちはまだ1人しか来ていなかった。

　　このような場合は、下のような図を書いて見せ、「この中のどこで待ち合わせをしたのか」を考えさせる。子どもが指をさすことができたら、その場所を文中ではどのようなことばで表現しているかを考えさせる。もし、「公園」という答えの場合には、公園の中の可能性もあることを伝えると、「そこ」という指示代名詞がさす正確な位置や答えのことば（公園の前）を考えることができるだろう。

② 長文読解〜問題文の読み取り〜

　　長文読解でも問題文の読み取りに重点を置いて指導を行う。文章の内容が難しいと、問題文を読み取ることができても答えがわからないため、「できた」「わかった」という達成感にはつながりにくい。練習するときは、子どもの理解している語彙のレベルに合わせて読解問題を選ぶとよいだろう。

　　国語の読解課題では、以下のような問題文が出てくることが多い。

> 【文章】秋になるともみじの葉は赤くなり、イチョウの葉は黄色くなります。このような葉の色の変化①を、「紅葉」と言います。
>
> 【問題】＿＿＿①とは、何ですか。それを表す一文を抜き出し、始めの3字を書きましょう。

　　こういった問題文では、以下の手順で、解答を行う。

- ＿＿＿①のある場所を本文中から探し、問題文に当てはめて意味を考える。
- 問われている意味を考え、答えとなる文を探す。
- 答えの文の初めの3文字を書く。

しかし実際には、問題文の読み取りや解答で次のようなつまずきが見られる。

- 「＿＿①＿＿」を探していない。または、どこから探せばよいのかわからない。
- そのため、問題で何を聞かれているのかわからない。
- 「一文を抜き出す」の意味がわからない。「文」という単位を理解できていない。
- 「始めの3字」に句読点が含まれることがわからない。
- 「始めの3字」がことばの途中で終わると、間違えていると思って答えを変える（例えば、答えの文が「これから」で始まるとすると、答えが「これか」となるため、中途半端な答えに感じて、間違えていると思ってしまう）。

そこで、長文読解を行うときには、問題文の意味を読み取る練習から始める。「問題文の読み取り」シートを使い、以下の手順で行う。

教材シート⑥ 問題文の読み取り　　　別冊P7

1) 問題文の中に「文」がいくつあるか確かめる。
　　「文」は「。」で終わることを説明し、文がいくつあるか数えさせる。
2) 問題文の中にある「文」が、「質問の文」なのか「命令の文」なのかを考える。
　　質問の文：「〜ですか。」のように、質問している文。
　　命令の文：「〜しなさい。」「〜しましょう。」のように、すること・答え方を命令している文。
3) 質問の文では、質問のことば（誰・何・いつ、など）はどれか、何を質問されているかを考える。
　　「＿＿①＿＿」などが含まれている場合は、本文中にそれがあることを教えたうえで探させる。「1」や「(1)」ではなく「①」であることや、ことばに線が引かれてその横に①が書かれていることも伝える。
　　「＿＿①＿＿」のことばを質問の文に入れて質問を読ませ、質問のことばを抽出させて「何を聞かれているか」を考えさせる。
4) 命令の文では、いくつ命令されているか、何を命令されているかを考える。

5) 答えを書く。

　　文字数が指定されている場合、文に書かれているとおりの文字で書くこと（漢字で書かれていれば漢字を使う）、句読点も1文字に含まれていることを教える。

　　「答えがことばの途中で切れていても、この部分を書けば正しい文を選んだということがわかる」という出題者や採点者の考えを説明する。

この手順に従うと、初めに出てきた問題文は次のように考えることになる。

【文章】秋になるともみじの葉は赤くなり、イチョウの葉は黄色くなります。このような葉の色の変化①を、「紅葉（こうよう）」と言います。

【問題】＿＿＿＿①とは、何ですか。それを表す一文を抜き出し、初めの3字を書きましょう。

---

1) 問題文の中に「文」がいくつあるか確かめる。

　　「。」が2つあるので、文は、2つ。

　　1つ目の文は「＿＿＿＿①とは、何ですか。」

　　2つ目の文は「それを表す一文を抜き出し、初めの3字を書きましょう。」

2) 問題文の中にある「文」が、「質問の文」なのか「命令の文」なのかを考える。

　　1つ目の文は、「何ですか。」と聞いているので、質問の文。

　　2つ目の文は、「書きましょう。」とすることを言っているので、命令の文。

3) 質問の文では、質問のことば（誰・何・いつ、など）はどれか、何を質問されているかを考える。

　　「＿＿＿＿①」は「このような葉の色の変化」なので、「このような葉の色の変化とは、何ですか。」という質問になる。

　　質問のことばは「何」なので、葉の色の変化の内容を聞かれている。

4）命令の文では、いくつ命令されているか、何を命令されているかを
考える。

「それを表す一文を抜き出す」「初めの3字を書く」という2つを
命令されている。
「それ（葉の色の変化）」を表す一文は、「秋になるともみじの葉
は赤くなり、イチョウの葉は黄色くなります。」で、初めの3字
は「秋にな」になる。

5）答えを書く。

答えは、「秋にな」。

3 作文の指導・支援

　作文の指導は、58ページの「経験したことを伝える」活動を応用して、テーマ
に関わる知識やイメージを支えるために写真などを使う（子どもが何かをしてい
るときの写真や印象に残った場所の写真などがよい）。

　まず、作文に書きたい内容の写真をいくつか選ばせ、時系列に並べさせる。こ
のとき、やったことや写っている状況について会話する。言ったことばを指導者
がメモしておくと、あとで作文を書くときに説明や感想として使うことができる。

　次に、1枚ずつの写真について文を考えさせる。感想は、選択肢を提示する。
選択肢の中には、写真を見て子どもが言ったことばを入れてもよいだろう。

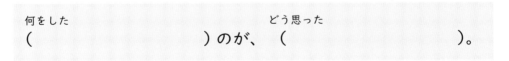

何をした
（　　　　　　　　　　　　）のが、

どう思った
（　　　　　　　　　　　　）。

楽しかった・面白かった・どきどきした・うれしかった・
はずかしかった・もっとしたかった・こわかった・びっくりした・
気持ち悪かった・つかれた

　慣れてきたら、「何がおもしろかったか」を書かせたり、感想のことばを組み
合わせた言い方（どきどきしたけど面白かった、など）を教えたりするとよい。

　このようにして写真の説明と感想ができたら、作文の初めの文と終わりの文を考える。初めの文とは、作文全体の説明となる「いつ」「どこで」「誰と」「何をした」という文であり、終わりの文とは、作文に書いた内容全体の感想である。

　そして、すべての文をつなぐ。接続詞が必要であれば、初めは入れる場所を指定しておき、下記のような選択肢から2〜3つ提示して選ばせる。慣れてきたら、もっと多くの選択肢から選ばせたり、入れる場所を考えさせたりするとよい。

> まず・次に・それから・最後に・次の日・〇日目に
> 〇〇のあとに・〇〇の前に

　次のような「作文フォーム」を使うと全体の構成がわかりやすくなるため、継続的に使うことで、書き方の手順、感想や接続詞を考える力がついてくる。

　書きの困難を伴う子どもには、フォームをタブレットなどに取り込んでおき、テキスト入力や音声入力をさせると、書きの負担が減るだろう。

教材シート⑦ 作文フォーム　別冊P8

初めの文	（いつ）＿＿月＿＿日に、（だれと）＿＿＿＿＿＿といっしょに、（どこへ）＿＿＿＿＿＿へ行きました。
写真①	はじめに、＿＿＿＿＿を（しました・見ました）。（写真の説明1〜2文）（もっとしたかった・ちょっとこわかった・どきどきしたけどたのしかった）
写真②	それから、＿＿＿＿＿を（しました・見ました）。（写真の説明1〜2文）（もっとしたかった・ちょっとこわかった・どきどきしたけどたのしかった）
写真③	さいごに、＿＿＿＿＿を（しました・見ました）。（写真の説明1〜2文）（もっとしたかった・ちょっとこわかった・どきどきしたけどたのしかった）
終わりの文	・＿＿＿＿＿は楽しかったので、また行きたいです。・＿＿＿＿＿ができなかったので、今度は＿＿＿＿＿をしたいです。・今度は、＿＿＿＿＿をやってみたいです。

漢字の評価　ひらがなで読み書きに困難がある場合は、漢字の読み書きにも困難があることが多い。また、漢字は意味を表す文字であることから、語彙力や言語レベル、知的レベルに影響を受けやすいため、学年や年齢と比較するだけではなく、語彙力や言語レベル、知的レベルも併せて解釈する必要がある。

〈漢字の評価に使われる課題〉

改訂版 標準読み書きスクリーニング検査 STRAW-R（2017）	対象：小学 1 年生〜高校 3 年生 ひらがな・カタカナ・漢字の読み書きの正確性、文章の読みの正確性と速度が評価できる。 対象年齢によって評価できる課題が異なる。
日本版 KABC-Ⅱ（2013）	対象：2 歳 6 か月〜 18 歳 11 か月 認知尺度と習得尺度からなる検査で、習得尺度の下位検査に、漢字の読みや書きの評価項目がある。

文の評価　課題によって、評価している部分や評価方法が異なるため、どのような内容の問題でつまずきが大きいのか、どのような答え方をしているのか（例えば、答えてはいるが間違えているのか、答えられないのか）などを検討する。

〈文の評価に使われる課題〉

LCSA 学齢版 言語・コミュニケーション発達スケール（2012）	対象：小学校 1 年生〜小学校 4 年生 言語の 5 つの領域について、10 項目の下位検査で評価を行う。5 つの領域の 1 つに「文や文章の聴覚的理解」がある。
日本版 KABC-Ⅱ（2013）	対象：2 歳 6 か月〜 18 歳 11 か月 認知尺度と習得尺度からなる検査で、習得尺度の下位検査に、文の理解や構成の評価項目がある。
CARD 包括的領域別読み能力検査（2014）	対象：小学校 1 年生〜 6 年生 読みに関わるいろいろな領域について、8 項目の下位検査で評価を行い、3 つの指数を算出する。下位検査の中に、文や文章の評価項目がある。
J.COSS 日本語理解テスト（2010）	対象：3 歳〜高齢者 文法理解について、20 項目の問題で評価を行う。

文章の評価　文章表現を評価する課題はほとんどないため、文章の評価は理解についての評価が中心となる。課題によって、評価方法や解答方法が異なるため、どのような部分でつまずきが大きいのかを検討する。

〈文章の評価に使われる課題〉

LCSA 学齢版 言語・コミュニケーション発達スケール（2012）	対象：小学校 1 年生〜小学校 4 年生 言語の 5 つの領域について、10 項目の下位検査で評価を行う。5 つの領域の 1 つに「文や文章の聴覚的理解」があり、ほかに文章読解の項目がある。
日本版 KABC-Ⅱ（2013）	対象：2 歳 6 か月〜 18 歳 11 か月 認知尺度と習得尺度からなる検査で、習得尺度の下位検査に、文の理解の評価項目があり、後半に長文読解の問題が含まれている。
CARD 包括的領域別読み能力検査（2014）	対象：小学校 1 年生〜 6 年生 読みに関わるいろいろな領域について、8 項目の下位検査で評価を行い、3 つの指数を算出する。下位検査の中に、文章の評価項目がある。

国語に必要な力

　国語には、教科の名前としてだけではなく、「その国の言語」という意味がある。そのため、国語という教科には、言語の力が必要になる。言語の力は、他者とのコミュニケーションをとおして発達し、さまざまな情報に触れることで豊かになっていく。

　しかし、認知の偏りや行動の問題、社会性や対人性の問題があると、他者とのコミュニケーションがうまく取れなかったり、さまざまな情報をスムーズに取り入れることができなかったりするために、言語の発達にも偏りが出る。一般に「ことばの遅れがある」といわれるような子どもだけではなく、知能検査で言語は平均レベルでも視覚情報処理に弱さがあれば、言語の発達に偏りが出ることがある。ADHD の子どもであれば、話を最後まで聞けなかったりぼんやりしていて理解できなかったりするために、新しいことばを学んだり意味を考えたりすることに影響が出るだろう。自閉スペクトラム症の子どもであれば、ことばの意味を場面や文脈に合わせて柔軟に理解することが難しいため、独自の解釈で覚えてしまったり意味がわからずに覚えられなかったりするかもしれない。このような言語の偏りは、当然、国語という教科に取り組むうえでも影響を及ぼす。

　また、国語を含む教科学習は文字の読み書きをとおして行われる。そのため、文字の読み書きにつまずく子どもは、学習の本質（意味の理解や表現）の習得に問題がなくても、学習のツール（文字）の習得につまずきがでる。ただし、読み書きの弱さを補う機器やアプリはかなり増えてきているため、読み書きにつまずく子どもにはこれらを学習のツールとして使わせ、学習の本質である意味の理解や表現に時間を割くことが望ましい。

　国語は、算数の九九や社会の年号のように記憶できる教科ではない。言語の力を高めることを目標に、意味を考えたり表現したりする力を育てたい。

第2章
算数編

算数のつまずきは算数障害に関する
理論や支援法を生かして解説します

序　算数のつまずき**3**要因

子どもの様子

□自分が出した答えがありえない数字になっても気づかない
□数字を見て、量をイメージしたりおよその数を予測したりすることが難しい

□たし算・ひき算の際に、指を1つずつ折って数えながら答えを探す(数え足し・数え引き)
□指は使わないが、計算に時間がかかる

□数の動き(増えたのか、減ったのか、など)をイメージすることが難しい
□数の変化を式で表すことができない

□目盛りを正確に読み取るのが難しい
□微妙な大きさ、線の向き、角度の違いがわからない
□展開図を見て立体に組み立てたところをイメージするのが難しい

□定規やコンパスを、うまく扱えないなどで、図形を描くことが難しい

□くり上がりをメモするのをときどき忘れて計算を間違える
□手順の違う計算が混在している、類似の計算が連続後に別の計算に切り替わるなどの際に、間違える

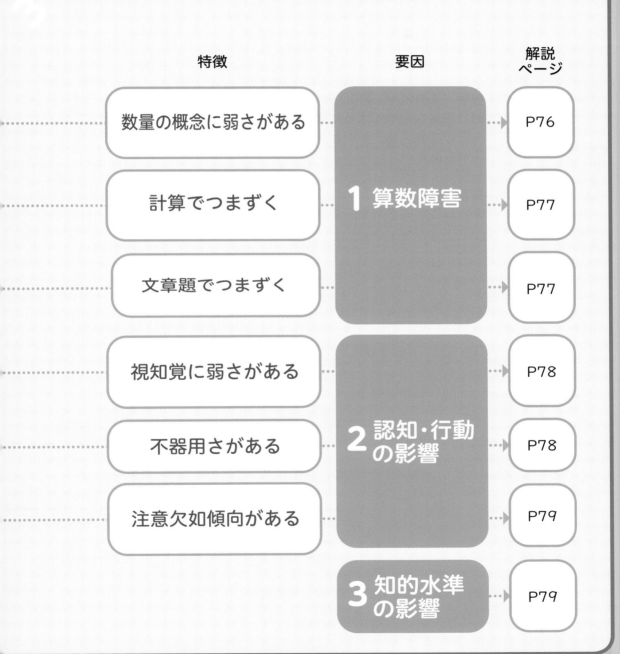

特徴	要因	解説ページ
数量の概念に弱さがある	1 算数障害	P76
計算でつまずく		P77
文章題でつまずく		P77
視知覚に弱さがある	2 認知・行動の影響	P78
不器用さがある		P78
注意欠如傾向がある		P79
	3 知的水準の影響	P79

解説　算数障害

算数障害とは、次のような困難さがあるとされている[*]。

> ● 数字の概念、数値、または計算を習得することの困難さ
>   例：数字、その大小、および関係の理解に乏しい、1桁のたし算を行うのに同級生がやるように数学的事実を思い浮かべるのではなく指を折って数える、算術計算の途中で迷ってしまい方法を変更する場合もある。
> ● 数学的推論の困難さ
>   例：定量的問題を解くために、数学的概念、数学的事実（数的事実）、または数学的方法を適応することが非常に困難である。

「数学的事実（数的事実）」とは、主に答えを記憶に頼るような単純な計算のことを指す。例えば、1桁同士のたし算や、答えが1桁になるひき算、かけ算の九九や、九九の裏返しのわり算などである。

この場合の「記憶に頼る」というのは、フラッシュカードなどで無理に記憶させたものではなく、数量を意識しながら何度も計算に取り組む中で、記憶に移行したものを指す。

数量の概念や計算に弱さがある場合

数量 　● 自分の出した答えがありえない数になっても気づかない

● 数字を見て、量をイメージしたりおよその数を予測したりすることが難しい

数字を読んだり、量をイメージしたりする段階でつまずいている場合は、以降の計算、文章題などすべてに困難が出てくる。

----

[*] DSM-5（アメリカ精神医学会の定めた『精神疾患の診断・統計マニュアル』第5版）における算数障害「限局性学習症／限局性学習障害」の項目A（5）（6）を参照。

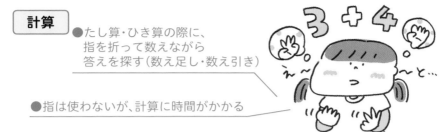

計算

●たし算・ひき算の際に、指を折って数えながら答えを探す（数え足し・数え引き）

●指は使わないが、計算に時間がかかる

　一般に1桁のたし算やひき算は、いろいろな数の操作（具体物を数える・分ける、など）をする中で自然に記憶に移行していき、「5－3＝」のような式を見ただけで答えが素早く思い浮かぶようになる。このように自然に記憶に移行し、素早く答えを思い出せるようになることを「計算の自動化」といい、「数学的事実（数的事実）」として算数という教科の中で使えるようになる。

・ 文章題でつまずく場合

●数の動き（増えたのか、減ったのか、など）をイメージすることが難しい

●数の変化を式で表すことができない

　前のページの算数障害の困難さのうち、「数学的推論の困難さ」とは、文章題でつまずく様子である。文章題は、次のような手順をたどって答えを導く。

　①文章を読む、②何がいくつあるのかを読み取る、③それがどうなったのか（増えたのか、減ったのか、など）をイメージする、④その数の変化を式に表すと何算になるのかを考える、⑤式を立て計算をする。

　このような過程を「数学的推論（数的推論）」という。文章題は低学年からつまずくこともあるが、整数の加減乗除の単元が終了したころにつまずきが明確になってくることもある。これは、子どもが数の動きをイメージすることなく「たし算の単元だからたし算の式」とパターンで立式することで正解していて、周りの大人に気づかれなかったためであることが多い。

解説　認知・運動・行動の影響

・ 視知覚に弱さがある場合

●目盛りを正確に
　読み取るのが難しい

●2次元の立体図を見て
　3次元の立体を
　イメージするのが難しい

●微妙な大きさ、線の向き、
　角度の違いがわからない

●展開図を見て
　立体に組み立てた状態を
　イメージするのが難しい

　視知覚（形態や空間を理解する力）に弱さがある場合、目盛りを正確に読み取ることが難しい、微妙な大きさの違いがわからない、向きが異なる線や角度が同じかどうかを見るだけでは判断できないということがある。また、教科書などの2次元の立体図から3次元の立体を頭の中にイメージしたり、展開図を見て立体に組み立てた状態をイメージしたりすることが難しいこともある。

・ 不器用さがある場合

●定規やコンパスをうまく扱えないなどで、
　図形を描くことが難しい

　発達障害のある子どもは、不器用さを併せもつことも多い。算数には、「図形を描く」という学習内容も含まれるが、不器用さがあると定規がずれたりコンパスをうまく回せなかったりするなど、困難な様子を示すことが多くなる。

・注意欠如傾向がある場合

●くり上がりをメモするのを
　ときどき忘れて計算を間違える

●手順の違う計算が混合している、
　類似の計算が連続したあとに
　別の計算に切り替わる際に間違える

　発達障害がある子の場合、行動面で注意の問題が影響することがある。計算や文章題が素早くでき、手順の理解ができていたとしても、不注意によってくり上がりをメモするのをときどき忘れて計算を間違えるということが起こる。

　また、1ページ目でたし算の問題ばかりたくさん解くと、次のページでひき算になったときにすぐにひき算の手順に切り替えることができず、間違えることもある。この場合、1種類の計算ばかりをやっているときには特に問題がないのに、手順の違う計算が混じったり、ある種類を続けて行ったあとに別の種類に切り替えたりすると、間違えやすい。

解説　知的水準の影響

　算数の問題は、さまざまな能力を統合して解いている。視知覚、運動、注意以外にも、文章題を読み解く読解力、九九を唱えて覚える力、筆算や文章題を手順に沿って処理する力、およその数を理解する力などがある。

　そのため、全体的な知的水準が「平均の下（ＩＱ80台）」である場合は、それぞれの能力も「平均の下」であるために、クラスの中でも計算の速度がややゆっくりだったり、文章題が複雑になると理解できなかったりする。

　また、小学校中学年以降、整数から小数や分数へ、cmやmからkmへ、図形は平面から立体へと内容が変わる。このように抽象度の高い内容の理解には、知的水準が大きく影響する。

1 計算学習の前に身につけたい
数の基礎

子どもの様子

□「い〜ち〜に〜い〜さ〜ん〜…」と数字を順に言うことができるが、物を1つずつ指さしながら「いちに」と対応させて言えない。

□物を指さしながら数えられるが、最後に言った数が物の数を表すことがわからない。

□「8個取って」と言われても、その数だけ物を取り出すことができない。

□数字を見て読むことができるが、数字を見ても数えながらその数だけ物を取り出すことができない。

□2つの数字から「大きな数はどっち？」と言われても、数量をイメージして数字を選ぶことができない。

□数字を見ても読めない。

□「さんびゃくご」と言われると「3005」と書く。

□およその数がわからない。

□文章題の数がありえない数になっても気づきにくい。

□「63の1つ前の数」がわからない。

□「右から3番目」がわからない。

　算数は、数詞・数字・具体物の関係や、量・順番などを表す数などの概念を基礎にして、学習が進む。これらの概念は、一般的には就学までに活動の中で習得されるが、発達の遅れや偏りなどにより身についていない場合がある。そのような場合には、大人が意図的にそれらの概念が身につくような場面を設定したり、指導をしたりしなくてはならない。

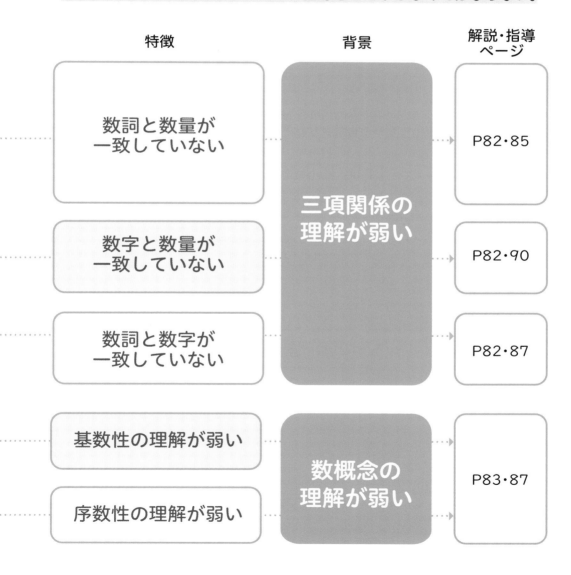

特徴	背景	解説・指導ページ
数詞と数量が一致していない	三項関係の理解が弱い	P82・85
数字と数量が一致していない		P82・90
数詞と数字が一致していない		P82・87
基数性の理解が弱い	数概念の理解が弱い	P83・87
序数性の理解が弱い		

解説　数の三項関係

　数には、〈図1-1〉のような3つの要素がある。

　「数字（3）」は文字であり、その読み方が「数詞（さん）」である。算数で数字を見たり数詞を聞いたりしたときには、その背景に「数量」があることを理解し、数量の操作をしなければならない。

　「数量」には、「分離量(●●●)」と「連続量(▬▬▬)」〈図1-2〉がある。

　文章題では前後の言葉や単位などによって、分離量なのか連続量なのかを判断する。就学時、10までの数であれば「数字」と「数詞」は獲得していることが多いが、「い～ち～に～い～さ～ん～…」と10までひと続きで唱えていることがあり、数字とのマッチングができているかどうか、1つずつ別々の数詞として理解しているかどうか、確認が必要である。

　幼児の保護者は、「数字を書くのが好きだから数を理解している」「1から100まで言えるので数は大丈夫」と捉えていることが多い。しかし、実際に物を数えさせてみると、数詞と指さしが一致していない、最後に指さしたときに言った数詞が数量であると理解していないことがある。

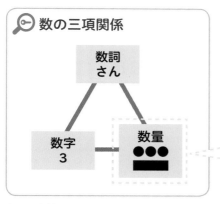

〈図1-1〉数の三項関係

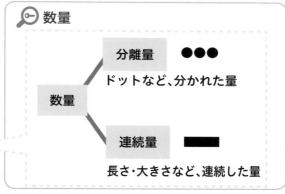

〈図1-2〉数量の理解

解説 基数性と序数性

　数には「基数性」と「序数性」という2つの性質がある。「基数性」は、数量とその性質を表す。「3個」「6は2の3倍」という表現は、基数性に基づくものである。それに対して「序数性」とは、順番を表す性質である。「5番目」「7の次は8」という表現は、数量ではなく位置や順番を表しており、序数性に基づくものである。

　これらの性質は、数字や数詞の前後に書かれたり言われたりした言葉に基づいて判断される。次の表現を例に考えてみよう。

①右から3つ持ってきてね。
②右から3つ目を持ってきてね。

　①は基数性を表すものである。「右から3つ」なので、右から1番目と2番目と3番目の3個分を持ってくる。

　②は序数性を表すものである。「右から3つ目」なので、右から数えて3番目のものを、1個だけ持ってくる。

　このように正しく数の処理をするには、会話や算数の問題の中に出てくる言葉をもとに、基数性を表すものか序数性を表すものかを判断する必要がある〈図1-3〉。

〈図1-3〉数の概念

基数性が弱い場合

●およその数がわからない

●文章題の答えがありえない数
　になっても気がつきにくい

　基数性が弱くても、序数性の理解ができていると、手順どおりに計算のしかた
を覚えたり数的事実（94ページ参照）の記憶がよかったりすることが多く、低学
年では気づかれにくい。

序数性が弱い場合

　序数性が弱い子どもは数字を正しく言えないため早めに気づかれるが、「何度
も順序数を唱える」といった子どもに合わない対応になりやすい。
　数字を見せて前後の数を考えさせたり、読み方を考えさせたりするなど、適切
な方法を提供したい。

63の1つ前は

●数字を順番に数えて
　いくことが難しい

61？
65？

指導 数の基礎を育てる

1 数の三項関係をマッチさせる

　数の三項関係の理解を促すには、「数字」「数詞」「数量（具体物）」をマッチさせる練習が必要である。子どもに取り組ませるときは、一緒に絵を指さして数えたり、数えた数の数字を書いて見せたりするなど、いろいろな方法で「数字」「数詞」「数量」に触れる機会をもたせたい。

教材シート⑧ 数カード

別冊 P9 〜 P18

　〈図1-4〉は、計算練習の前段階における数の導入用に作成した「数カード」である。「3」という数字と「さん」という読み方（数詞）、ドットで黒く塗られた「●●●」という数量があり、それと同じ数のものを絵の中から選ぶ課題である。

〈図1-4〉数カード

視覚的ワーキングメモリが弱い場合

●同じものを何度も数えたり数え忘れたりする

「数える」という操作をするとき、指さしだけでは「どれを数えてどれを数えていないのか」がわからなくなり、同じものを何度も数えたり数え忘れたりすることがある。

　プリント教材であれば、子どもが数えたものに指導者が斜線を引く、具体物であれば、数えたものを置く位置や入れるものを用意してそこに移動させるなどの工夫で、数え終わったものだとわかりやすくするとよい。

知的発達に遅れがある、聴覚的ワーキングメモリが弱い場合

教材シート⑨　数えるシート

別冊 P19・20

　〈図1-5〉のような「数えるシート」で具体物を下のマスに入れながら一緒に数え、「3まで入ったから3個」「3個数えるときは『3』のところまで入れる」ことをいろいろなもので経験させるとよい。

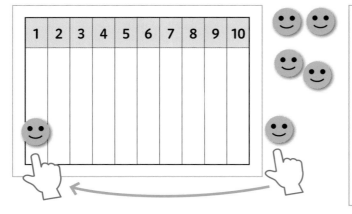

1	2	3	4	5	6	7	8	9	10

1	
2	
3	
4	
5	
6	
7	
8	
9	
10	

〈図1-5〉「数えるシート」2種

また、指導場面以外にも生活の中で、次のような活動を意識的に行うことにより、三項関係の理解につながるだろう。

●一緒におやつを指さしながら、ゆっくり数える。

→数詞と数量（具体物）の一致

●食べてよいおやつの数を言いながら、その数だけ指を立てて見せ、おやつを数えさせる。

→数詞と数量（指）と数量（おやつ）の一致

2 数字の読み方（数詞の定着）

就学が近づいても10以上の数になると順番がわからなかったり「11、12、15、16、18……」と飛ばしていても気づかなかったりすることがある。

このような子は、「じゅういち」「じゅうご」といった数詞が「じゅう」と「いち」、「じゅう」と「ご」から成り立っていることや、「じゅう」の次に続く言葉はすでに習得した「いち、に、さん、し……」という言葉であることに気づいていないことが多い。そのような場合は、次のように指導するとよい。

聴覚的ワーキングメモリが弱い場合

ここでは、一の位は常に同じ読み方であること、十の位は「じゅう」という言葉に「に」「さん」がついていることを教え、表を見ながら数字の読み方や順番を理解させる。

指導の留意点

①シートを作成する際に「1 ～ 10」ではなく、「0 ～ 9」の並びにして読み方のルールを明確にする。

②数える際に「し」「よん」や「しち」「なな」のように読み方を変えると混乱の原因となるので、使用頻度の高い「よん」「なな」で統一する。

教材シート⑩ 読み方のルール表　別冊 P21〜23

〈図1-6〉のような「読み方のルール表」を使い、視覚的に読み方や数字の順番の
ルールを提示すると、わかりやすくなる。

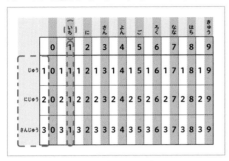

〈図1-6〉読み方のルール表

　数字の読み方（序数性）の練習なので、「数える」のような基数性の要素は入れ
ない課題で行うのが望ましい。また、聴覚的短期記憶や聴覚的ワーキングメモリ
の弱さに配慮するため、数字（視覚的手がかり）が書いてあり、その読みや順番
を考える活動（例えば、点つなぎなど）をしながら読み方を練習するとよいだろう。

指導例

子ども	10…11…（と点をつないでいき）、えっと、次は…
指導者	今、「11」だったね。この表（図1-6）で見ると、「11」はどこにある？
子ども	ここ（と11を指さす）。
指導者	じゃあ、次はなんて書いてあるかな？
子ども	これ（と12を指さす）。
指導者	これは、「じゅう」と「に」だから（と、表の文字をたどって見せ）、なんて読む？
子ども	じゅう…に？
指導者	そうだね。じゃあ、11の次は12を探そう（と点つなぎの数字に注目させる）。

　一の位は常に同じ読み方であること、十の位は「じゅう」という言葉に「に」「さ
ん」がついていることを教え、表を見ながら使い方を具体的に示す。

　算数の学習が進んでも、「さんびゃくご」と聞いて「3005」と書いたり、漢数字で書かれた数をアラビア数字にしたりするのが難しい子もいる。

教材シート⑪ 位を表す言葉　　　　別冊 P24

〈図1-7〉のような「位を表す言葉」を書いたシートを用意し、〈図1-8〉の例のようにシートに当てはめて漢数字を数字に変換させ、「位」というルールがあることを意識させるとよい。

せん 千	ひゃく 百	じゅう 十	いち 一

問題：
①
②
③
④

〈図1-7〉位を表す言葉

せん 千	ひゃく 百	じゅう 十	いち 一
2	5	0	8

問題：二千五百八

①「二千」なので「千」の位は「2」
②「五百」なので「百」の位は「5」
③「十」はないので「十」の位は「0」
④最後は「八」なので、一の位は「8」　→2508

〈図1-8〉読み方のルールの表

③ 数の操作を繰り返す

　数の基本となる数の三項関係が理解できても、数量のイメージをつけたり、数の基数性と序数性を定着させたりするために、しっかりと具体物の操作をさせることが必要である。算数という教科では、同じ単元でも全く同じ問題が何度も出てくるわけではなく、問題ごとに操作する数は異なる。そのため、数字だけの計算ばかりになるとイメージをもてずに間違いが増えることになる。具体物を使った操作を見せながら説明をしたり、1つ2つといった小さな数を扱う問題で具体物の操作をさせたりしたとしても、それだけでは、数の操作のイメージが身につきにくい。

子ども自身が具体物を操作しよう

　たくさんの問題をこなすのではなく、子ども自身が具体物を操作して数のイメージをもって答えにたどり着けることを目標にし、具体物の操作の時間をしっかりととることが重要である。

　初期の段階で数の理解につまずきのあった子には、学年が進んでも、新しい単元に入るたびに具体物で計算の意味を説明したり、子ども自身に操作をさせたりすることも必要となるだろう。

　算数の時間に操作させる具体物としては、タイルや百玉そろばんなどがある。それぞれメリット・デメリットがあるので、子どもが使いやすいものを選んだり、教える内容によって使わせるものを変えたりするとよい。

🖐教材 **タイル**

　算数の教科の導入では、一般的にタイルが使われる。タイルを実際に使うときは、「位取りシート」（100ページの〈図2-4〉）を一緒に使い、位の概念を同時に意識させることが望ましい〈写真1-9〉。

　タイルを使うと、「10」「5」などのまとまりを意識させることができる。くり下がりの説明では「十

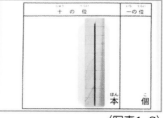

〈写真1-9〉

の位から1借りてくる」「一の位に10と書く」の意味を「十の位から1本借りる」「一の位には10個置く」といった具体物に変えて教えることができ、意味がわかりやすくなる。また、かけ算やわり算もタイルを使うと、「3個ずつの山を5つ作る」「28個のものを4つに分ける」など実際に操作がしやすくなる。

　しかし、発達に偏りのある子どもの中には不器用さ*を併せもつことも多く、小さなタイルでは指先で操作するのに時間がかかり、計算の補助として使っている間に何をしようとしたか忘れてしまうこともある。立体で持ちやすいタイルや大きめのタイルを使うとよいだろう。

教材　百玉そろばん

　不器用さのある子どもが、1人で計算するときの補助としては、百玉そろばんが使いやすい。10ずつ一列に配置されているものを使用すると、5や10の分解・合成を行うときに補数も意識しやすくなる。また、10個の中では5ずつで色分けされ、10列の中では50ずつで色分けがされているものを使うことで、慣れてくると1つずつ・1列ずつ数えなくても数がわかりやすい。

　時間をかけて数の基礎を固めることが、子どもたちの数の理解の助けとなるだろう。

〈写真1-10〉百玉そろばん

---

*　不器用さ：筋肉や神経、視聴覚に異常がないものの、いくつかの動作を協調させて行うことが苦手な状態。

2

さまざまに異なる要因を知る
計算とその指導方法

子どもの様子

□たし算・ひき算に指を使う

□どの計算にも時間がかかる

□九九が覚えられない

□九九を1からたどらないと、かけ算の答えがわからない

□かけ算の九九はすぐに答えが出るが、わり算を考えるときには九九を1からたどらないとわからない

□くり上がりやくり下がりのある計算につまずく

□筆算のかけ算で数字を書く位置（位）を間違える

□筆算のかけ算でかける順番を間違える

□筆算のわり算のやり方が覚えられない

計算ができるようになるためには、大きく分けて2つの力を習得する必要がある。1つ目は、四則演算における基礎的な数の関係「数的事実」の習得、2つ目は「計算手続き」の習得である。子どもが「計算ができない」という場合、時間がとてもかかるのか、計算の手順を間違えるのかなど、子どもの様子によって必要となる指導内容が変わってくる。

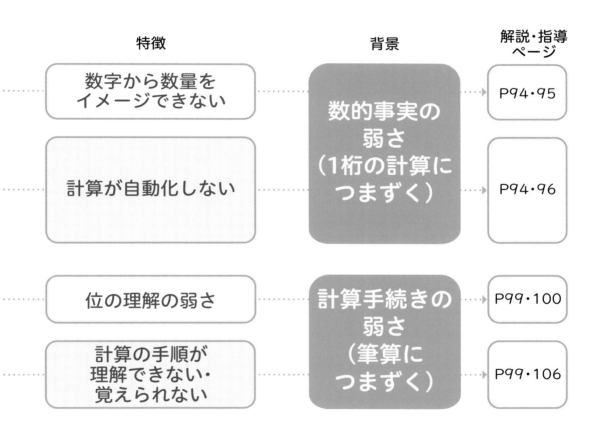

特徴	背景	解説・指導ページ
数字から数量をイメージできない	数的事実の弱さ（1桁の計算につまずく）	P94・95
計算が自動化しない		P94・96
位の理解の弱さ	計算手続きの弱さ（筆算につまずく）	P99・100
計算の手順が理解できない・覚えられない		P99・106

解説　数的事実

　「数的事実」とは、1桁のたし算・ひき算や、かけ算の九九、九九の裏返しのわり算などであり、何度も繰り返し取り組む中で長期記憶に移行するものである。これらの計算では、正しくできるだけではなく、素早く答えが思い浮かぶことが必要である。

　しかし、計算ができているかどうかは、宿題やテストの結果を見て判断されることが多い。そのため、答えを出すまでに指を使っていたり、とても時間がかかっていたりしていても、気づかれないことがある。

計算速度を観察しよう

　計算の評価を行う際には、「正しい計算ができているか」だけでなく、計算速度も計測することが望ましい。『特異的発達障害診断・治療のための実践ガイドライン』(2010)では、「数的事実」の評価として、計算を見せて口頭解答させる課題がある。加減乗除それぞれの計算を10 〜 12問ずつ解答させ、正答数と解答速度を評価する。解答時の様子を観察すると、指の使用の有無も確かめることができる。

指導 **1桁の計算**

一般的な説明や練習で計算が習得できない場合、数字だけの説明では数量のイメージができないことがある。1桁の計算を子どもになんとか覚えさせようとフラッシュカードを使って練習していることがあるが、計算の意味が理解できていないまま答えだけを覚えても、筆算や文章題でつまずくことになる。

1 1桁のたし算・ひき算

1桁のたし算・ひき算でつまずきがある場合は、タイルや百玉そろばんなどの具体物を操作させて、計算の意味を教える必要がある。

■ 指導の留意点

文章問題で使われる言葉を説明することで、計算の意味を理解しやすくなる。
たし算の言葉：たす、合わせる、くっつける、増える、全部で
ひき算の言葉：ひく、とる、減らす、なくなる

1桁の計算のうち、手順が多く混乱しやすいものに「さくらんぼ計算」がある。これも具体物で説明したり操作させたりすると、意味を理解しやすくなる。

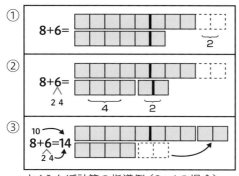

さくらんぼ計算の指導例〔8+6の場合〕

①タイルで、8にあと2個たすと10になることを確認する。

②6のタイルを2と4に分け、数字での書き方も確認する。

③2と8を合わせて10、残りは4なので答えが14になることをタイルで確認し、数字での書き方を確認する。

2　1桁のかけ算・わり算

　かけ算は、単元の初めには具体物を使った意味の説明があるが、その後は唱えて覚えるのが一般的な方法である。しかし、九九を唱えるだけではなかなか覚えられなかったり、九九の記憶はできていても意味を理解できなかったりすることがある。

九九が覚えられない場合

　特に、聴覚的ワーキングメモリに弱さがある子どもは、九九を唱えて覚えることが難しい。九九では、普段の数詞とは違う読み方になることが多く、複数の読み方（3→さ・ざん・さん、8→はち・は・ぱ・わ）が出てくる。そのため、数字を見ても数詞と結びつきにくい。その場合、九九の数字の読み方を覚えやすいように変える方法もあるが、それでも覚えにくさが続くことがある。

📖 教材シート⑫　九九の一覧表　　　　　　　別冊P25

　「九九を覚えられたら、次の単元に進む」と指導するのではなく、記憶の弱さは九九の一覧表を使うことで補い、かけ算・わり算の意味の理解や文章題の理解を進めていくほうがよいだろう。「一覧表を見て確かめる」という習慣がつくと、視覚的に覚えられることもある。

8×8は…ここ！
答えは64！

九九の一覧表を見て
確かめましょう

1のだん	2のだん	3のだん	4のだん	5のだん	6のだん	7のだん	8のだん	9のだん	10のだん
1×1＝1	2×1＝2	3×1＝3	4×1＝4	5×1＝5	6×1＝6	7×1＝7	8×1＝8	9×1＝9	10×1＝10
1×2＝2	2×2＝4	3×2＝6	4×2＝8	5×2＝10	6×2＝12	7×2＝14	8×2＝16	9×2＝18	10×2＝20
1×3＝3	2×3＝6	3×3＝9	4×3＝12	5×3＝15	6×3＝18	7×3＝21	8×3＝24	9×3＝27	10×3＝30
1×4＝4	2×4＝8	3×4＝12	4×4＝16	5×4＝20	6×4＝24	7×4＝28	8×4＝32	9×4＝36	10×4＝40
1×5＝5	2×5＝10	3×5＝15	4×5＝20	5×5＝25	6×5＝30	7×5＝35	8×5＝40	9×5＝45	10×5＝50
1×6＝6	2×6＝12	3×6＝18	4×6＝24	5×6＝30	6×6＝36	7×6＝42	8×6＝48	9×6＝54	10×6＝60
1×7＝7	2×7＝14	3×7＝21	4×7＝28	5×7＝35	6×7＝42	7×7＝49	8×7＝56	9×7＝63	10×7＝70
1×8＝8	2×8＝16	3×8＝24	4×8＝32	5×8＝40	6×8＝48	7×8＝56	8×8＝64	9×8＝72	10×8＝80
1×9＝9	2×9＝18	3×9＝27	4×9＝36	5×9＝45	6×9＝54	7×9＝63	8×9＝72	9×9＝81	10×9＝90
1×10＝10	2×10＝20	3×10＝30	4×10＝40	5×10＝50	6×10＝60	7×10＝70	8×10＝80	9×10＝90	10×10＝100

〈図2-1〉九九の一覧表

かけ算の意味を理解できていない場合

教材シート⑬ かけ算シート

別冊 P26

　かけ算の意味を理解できていないと、文章題の理解につまずくことが多い。九九を覚えるだけではなく、〈図2-2〉の「かけ算シート」を使い、九九の意味（4×2は、「4が2つ分」「4の2倍」「4個が2かたまり」など）を図に表す練習をする。

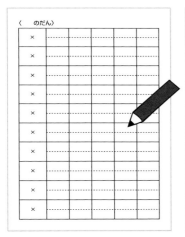

〈図2-2〉「かけ算シート」と記入例

指導の留意点

①シートには、指導者が九九を書き、子どもに○を描かせたり、指導者が描いた○がどのような九九になるかを子どもに考えさせたりして、数字と具体物の意味を一致させる。

②描いた○の数を数えさせ、九九の答えと同じであることを確認させる。

③九九を言葉で表したときのいろいろな言い方（4×2は「4が2つ分」など）も一緒に確認しておくと、文章題への移行がスムーズになる。

④九九は、段ごとに練習したあと、段に関係なく式を提示されても答えを言えるように練習する。同様に、九九の意味も段ごとに練習したあと、段に関係なくても正しく考える（○を描く）ことができるように練習する。

わり算の意味を理解できていない場合

わり算は、「九九で答えを求められる」と習うため、九九の範囲でできる計算は比較的スムーズに習得できる。一方、文章題の意味理解につまずくことが多い。

わり算における2種類の計算

わり算には、「〇人にみんなが同じになるように分けると、いくつずつになるか？」と「〇個ずつ分けると、いくつのかたまりができるか？」という2種類の計算がある。計算の意味を確認するためには、〈図2-3〉のように具体物を分ける操作をさせて、「九九で出てくる答えと一緒になった」ということを意識させる。

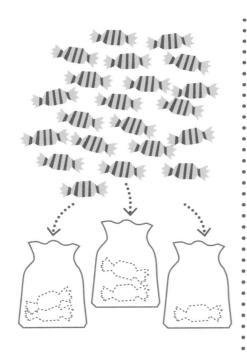

**みんなが同じになるように
分けると、いくつずつもらえるか？**

**同じ数ずつ分けると、
いくつのかたまりができるか？**

〈図2-3〉わり算における2種類の計算

解説 計算手続き

　「計算手続き」とは、筆算のことである。筆算では、桁が多くなるために手順が増える。また、1つの手順を覚えるだけではなく、くり上がりがあるときとないとき、十の位からくり下がるとき、十の位からくり下がりができずに百の位からくり下がるときなど、さまざまなパターンがある。

　目の前の計算がどのパターンに当てはまるのかを判断し、そのパターンに沿って計算を行わなければいけない。そのため、「パターンが覚えられない」「どのパターンに当てはまるのか判断できない」「単元学習の間はできるが、次の単元に移るとできなくなる」など、さまざまな理由で筆算につまずく可能性がある。

筆算の計算速度も確かめよう

　筆算の場合も、できているかどうかを判断するためには、宿題やテストの結果だけでなく、計算速度を確認する必要がある。学年が上がると、計算に時間がかかるという影響は大きく、計算の意味を理解していて正解することができても、時間がかかることで苦手意識が強くなり、宿題が負担になることもある。

　配慮の根拠とするためにも、計算の速度に問題がないかを確かめる必要があるだろう。『特異的発達障害診断・治療のための実践ガイドライン』(2010)では、2桁までの基本的な加減乗除の筆算を筆記解答させる課題があり、正答数と解答速度を評価することができる。また、「日本版ＫＡＢＣ-Ⅱ」(2013)の習得尺度には、「計算」の項目があり、より複雑な計算や整数以外の計算の評価もできる。いずれも正誤だけではなく、取り組みの様子や間違い方などを観察することで、より多くの情報を得ることができるだろう。

📎 **指導　筆算**

1 筆算のたし算・ひき算

　筆算のたし算・ひき算では、くり上がりやくり下がりが出てくるため手順が増える。それにもかかわらず、くり上がりは「10になったから1くり上がる」、くり下がりは「1くり下がって、一の位に10と書く」と言葉だけで説明されると、数字と数量のイメージがあいまいな子にとっては混乱の原因となりやすい。

👆 **教材シート⑭　位取りシート**　　　　　　　　　　　別冊 P27

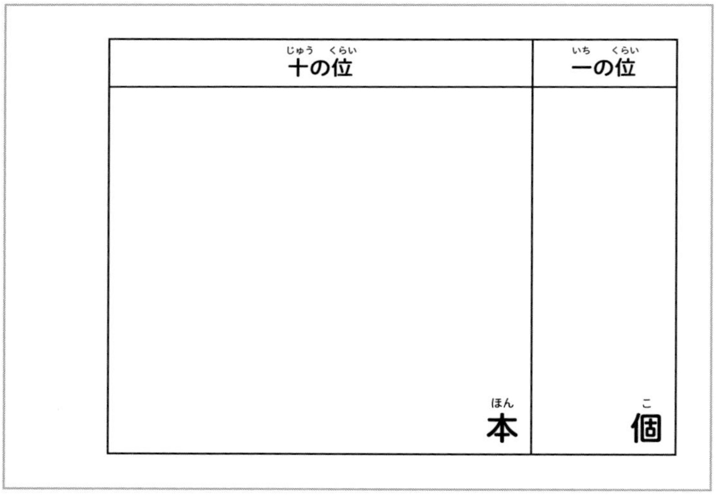

十の位 (じゅう くらい)	一の位 (いち くらい)
本 (ほん)	個 (こ)

〈図2-4〉位取りシート

　〈図2-4〉の「位取りシート」とタイルを使って、計算の意味を理解させるとよい。
　タイルの移動は、大人が説明に使うだけではなく、子どもに自分で操作をさせることが有効である。計算練習の量を減らし、その代わりに一つひとつ丁寧に意味ややり方を確認しながら次のような指導をすると、子どもの記憶にも残りやすく理解につながりやすい。

指導例

[たし算の筆算の指導例〜28＋16の場合]

$$\begin{array}{r} 28 \\ +16 \\ \hline \end{array}$$

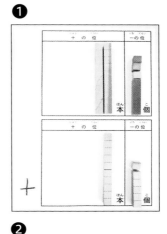

❶筆算の式と同じように、〈図2-4〉の「位取りシート」を縦に2枚並べ、その上にタイルを置く。

❷上のシートから下のシートに一の位のタイルを移動する。
10より多くなるときは、10のかたまりにする。

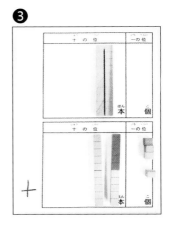

❸10のかたまりは十の位に移動する。これを「くり上がり」という。

❹十の位に10のかたまりが1本増えたので、筆算の十の位の下に小さく「1」と書く（くり上がり）。

❺一の位に残ったのは4個だから、筆算の一の位に「4」と書く。

$$\begin{array}{r} 28 \\ +16 \\ {\scriptstyle 1} \\ \hline 4 \end{array}$$

❻上のシートから下のシートへと十の位のタイルを
移動する。10のかたまりが2本＋1本＋1本だか
ら、全部で4本（タイル40個分）。

❼十の位は、10のかたまり4本分（40個分）だから、
十の位に「4」と書く。

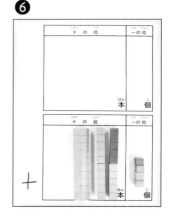

$$\begin{array}{r} 28 \\ +16 \\ \scriptstyle{1} \\ \hline 44 \end{array}$$

> ### 指導の留意点
>
> ①たし算の場合は、101ページの指導例の❸のように「1くり上がる」は「10
> のタイル1本分移動する」という意味であることを理解させる。
> ②ひき算の場合は、「1くり下がる」は「10のタイル1本分移動する」こと。
> そのため一の位に「10個分移動してきた」ことを理解させる。
> ③101ページの指導例の❹のように「1本分移動したから十の位に1と書く」
> といった計算のときの表記のしかたを同時に教える。

2 筆算のかけ算

　　かけ算の筆算は、九九の記憶や手順の記憶が得意な子どもには、比較的やりや
すい。しかし手順の記憶が苦手な子どもにとっては、かける数が2桁以上になる
と計算の順番がわかりにくくなる。また、数量のイメージがなく計算手順だけを
記憶している子どもは、文章題でつまずきやすい。

　　次のページの指導例のようにタイルを使った操作を経験させると、計算手順を
思い出す手がかりになり、数量のイメージを支えることにもつながる。

数量のイメージ
計算手順の想起　｝支える

指導例

[かけ算の意味〜23×12の場合]

意味
23が12個分の数

考え方
「12個分」を「10個分」と「2個分」に分けて考える

❶ 23の2個分

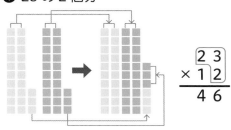

❷ 23の10個分

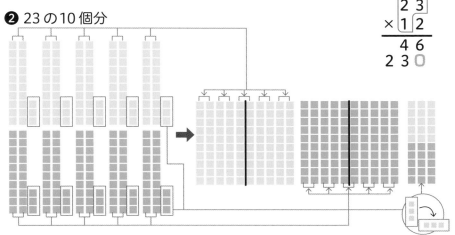

❸ 上記❶の合計46と❷の合計230を合わせる

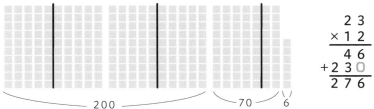

3 筆算のわり算

　たし算・ひき算・かけ算が一の位から計算をするのに対し、わり算は上の位から計算を始める。また、筆算の表記のしかたもほかの計算とは異なるため、手順の記憶が苦手な子どもにとってわり算の手順が最も定着しにくい。

　かけ算同様、タイルを使った操作を経験させると、上の位から計算する意味が理解でき、手順を思い出す手がかりになりやすい。

指導例

[わり算の意味～72÷4の場合]

4)72

意味
72を4つに分ける
考え方
大きいものから分ける。例題の「72」なら「7」から分ける。

❶

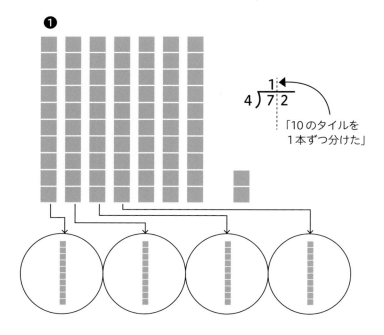

4)7:2

「10のタイルを
1本ずつ分けた」

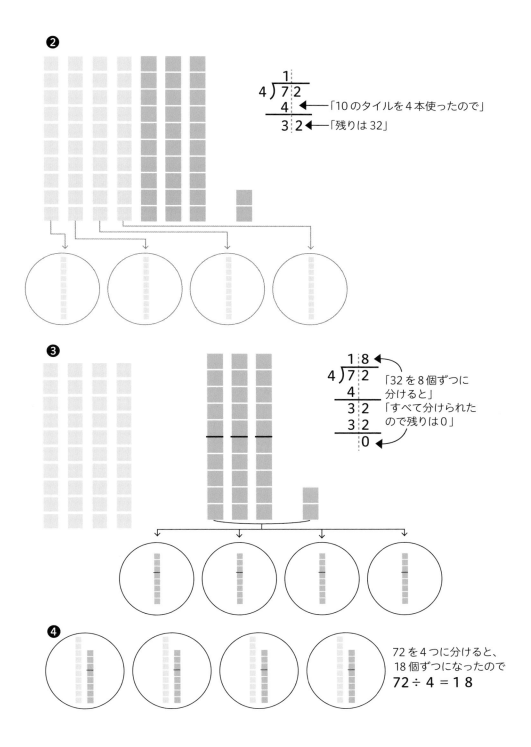

❷

$$4\overline{)7\,2}$$

「10のタイルを4本使ったので」

「残りは32」

❸

$$4\overline{)7\,2}$$

「32を8個ずつに
分けると」
「すべて分けられた
ので残りは0」

❹

72を4つに分けると、
18個ずつになったので
$72 \div 4 = 18$

4 計算手順

　計算の意味はある程度理解できても、計算手順を覚えられない・思い出せないために、計算につまずく子がいる。これは、記憶やワーキングメモリの弱さの影響が大きい。子どもと相談しながら計算の手順表を作成し、「わからないときには手順表を見てやり方を確認する」という習慣をつけるとよい。

　また、図と手順の説明文を合わせて提示することで、視覚的にも言語的にもルールが明確になる。

「かけ算の筆算の手順表」の例

❶下の一の位の数と、上の数をかける。

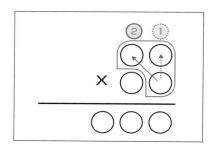

❷下の十の位の数と、上の数をかける。
　十の位の数をかけたので、答えも十の位
　から書く。

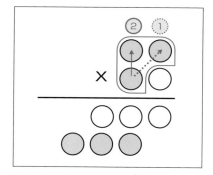

❸かけ算の答えを全部足して、答えを出す。

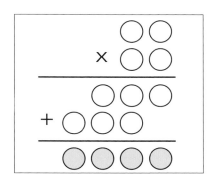

　手順表は、その子がどんなやり方で理解しているか、どんなポイントでつまずきやすいかに合わせて作成するとよい。例えば、「左から右」「上から下」という一般的な順番が定着しにくかった子に指導した際は、式を読む順番と同様に、上の数字から下の数字（かけられる数からかける数）へと矢印の向きを変更した手順書を作成した。

ポイントは、
計算の手順表を
その子のやり方に
合わせて作ること！

3

手順のどこでつまずいているかを知る
文章題

子どもの様子

□問題文を読めない

□問題文に出てくる言葉の意味がわからない

□何を聞かれているかわからない

□文は読めるが、何算になるかわからない

□式を書くとき、ひき算やわり算でも前後の数字を入れ替えて書いてしまう

□答えがありえない数になっても気づかない

□単位をつけ間違える

　文章題に取り組み、正しい答えを導き出すには、8つの手順が必要となる。そのうちどれか1つでも弱い部分があると文章につまずくことになるので、その子がどこの手順で、どんな背景によってつまずいているのか、まずは観察してみよう。指導においては、頭の中でイメージしながら進めている手順を「見える化」することがポイントになることが多い。

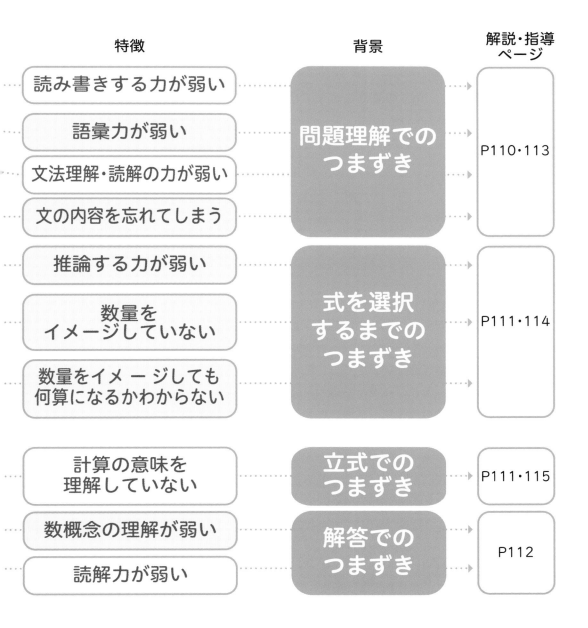

特徴	背景	解説・指導ページ
読み書きする力が弱い	問題理解でのつまずき	P110・113
語彙力が弱い		
文法理解・読解の力が弱い		
文の内容を忘れてしまう		
推論する力が弱い	式を選択するまでのつまずき	P111・114
数量をイメージしていない		
数量をイメージしても何算になるかわからない		
計算の意味を理解していない	立式でのつまずき	P111・115
数概念の理解が弱い	解答でのつまずき	P112
読解力が弱い		

109

解説　文章題の手順とつまずきの要因

　一般に考えられている「文章題の解き方」の手順は、「問題を読む」「式を書く」「計算をする」「答えを書く」という4つになるだろう。しかし、実際には8つの手順がある（112ページ〈図3-1〉）。

手順**1** **問題を読む**
手順**2** **言葉、文、文章の意味を理解する**
つまずきポイント▲読み書き障害、言語の弱さ

●正しく読めるが
　時間がかかる

●文や文章の意味が
　理解できない

　読み書きの困難が大きければ国語の音読練習などで気がつかれるが、「正しく読めるが時間がかかる」という場合、何度も読んだり聞いたりする国語の文章は覚えて読めるようになることがあるため気づかれにくい。

　一方、算数の文章題は常に初見の文章であり、国語の音読に比べて時間がかかったり読み間違いが増えたりして内容を正しく理解できないことがある。

　また、「AはBより5個多い」のような文章では、AとBのどちらが多いのかを理解しなければならない。さらに、「それを〜」「そこに〜」のような指示代名詞が出てくると、それが何を示すのかを読み取る必要もある。

　知的に正常域であっても、言語の理解や表現に弱さがある子どもたちは、このような言葉の理解、文や文章の理解につまずきを示し、文章題を理解できないことがある。また、ASD（自閉スペクトラム症）のある子たちは、1つでも知らない言葉や聞きなれない言い回しがあると、わかる部分から意味を推測して補うことが難しく、文章題全体が「わからない」という認識になりやすい。

手順③ **文や文章から数の動きをイメージする**
手順④ **イメージした数の動きから何算になるかを選択する**

つまずきポイント▲イメージできない、手順を認識していない

●「しなければいけない
　手順である」と
　認識していない

算数障害などで見られる「数的推論の弱さ」は、③・④の2つの手順に関わっている。そのため、文章を読んでも数の動きがイメージできなかったり、数の動きがわかってもそれが何算になるのかわからなかったりする子どもがいる。

また、この2つの手順は、手順③・④は、頭の中で行われるものであるため、「しなければいけない手順である」と認識していない子どもが多い。

特に、言葉でルール化されたもの以外は意識しにくいＡＳＤのある子やＡＤＨＤの不注意の特性がある子の中には、このような手順をみんなが頭の中で行っていることに気づいていないことがある。また、ＡＤＨＤの多動衝動性がある子も、「すぐに式を書く」「早く終わらせる」という意識が強いために、このような手順を飛ばしてしまいがちである。

手順⑤ **式を立てる**
手順⑥ **計算する**

つまずきポイント▲式を書き間違えたり、計算を間違えたりする

何算になるかがわかっても、「18から12をとる」のように意味を理解していないと、「12−18」のように式を書き間違えたり、書こうとしていなかった式を書いたり、計算を間違えたりする。

手順⑦ **答えを書いて単位をつける**

つまずきポイント▲単位の間違い

5本…5個

●聞かれていることと
　異なる単位を答えに
　つけてしまう

聞かれていることと異なる単位を答えにつけてしまう間違いが見られる子がいる。不注意やワーキングメモリの弱さにより「何を聞かれていたか」を忘れてしまうこともあるが、「何を聞かれているか」を読み取る言語の弱さが関係していることもある。

手順 8 答えが妥当がどうか振り返る

つまずきポイント▲言語の弱さ、数量概念の弱さ、振り返りの必要性を意識していない

　頭の中で行われる手順であるため、やらなければいけないものとして認識していない子どもが多い。

　言語や読解力の弱さがあると、もとの数より増えるのか減るのかがわかっていないことがある。数量概念（基数性の概念）が定着していないことにより、「ありえない数」になっても気づきにくい可能性もある。

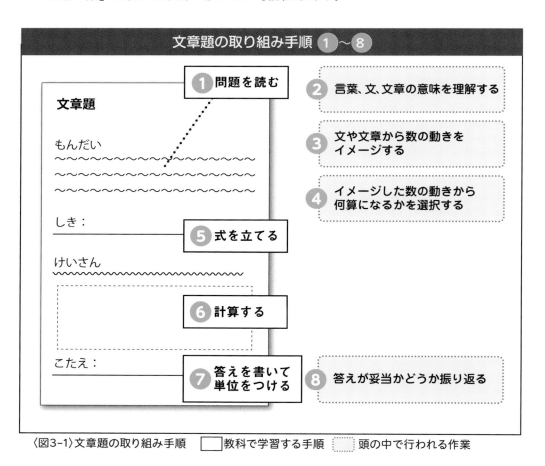

<図3-1>文章題の取り組み手順　☐ 教科で学習する手順　⋯⋯ 頭の中で行われる作業

指導 文章題の手順の見える化

　文章題に取り組むためには、まずは、〈図3-1〉の手順それぞれを子どもが意識できるよう「見える化」し、「何がわからないのか」「どこでつまずいているのか」を明らかにしながらその内容に応じた指導を行う。

1 文や文章からの数の動きをイメージする

　文章題の指導では、〈図3-1〉の❷・❸・❹・❽の「頭の中で行われる作業」については〈図3-2〉のようなシートを使い、「考えて記入する」というステップを設けて意識させるとよい。

教材シート⑮ 文章題取り組みシート　　　別冊P28

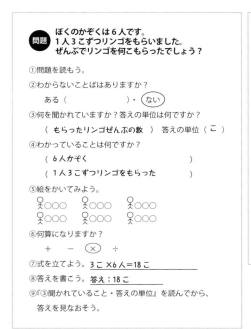

〈図3-2〉「文章題取り組みシート」と記入例

　文章題が苦手な子どもは、ことば、文、文章の意味を理解せず、数字だけに注目することが多いが、数字だけではなく「出てくるもの（名詞）」に注目させ、「何がいくつあるか」「それがどうなったのか（増えた・減った・分けた、など）」を意識させる。

　数の動きをイメージしにくい子どもは、言葉での説明を聞いても頭の中に思い浮かべることが難しいため、数の動きを絵や図に描けるようにすることを目標にする。初めは、簡単に絵や図が描ける問題や、出てくるものの数が少なく描いたものを数えるだけで答えがわかる問題から取り組む。

　また、数の動きをイメージしにくい子どもは、線分図やグラフなどの抽象的な図ではわかりにくいことがあるため、問題に出てくるものに近い形状で絵や図を描かせるようにする。

2 イメージした数の動きから何算になるかを選択する

●計算の意味自体はある程度理解できる

●計算するときに使ったタイルなどの数量の変化と、自分が描いた絵や図との関連づけが難しい

　〈図3-1〉の❹で文章題が何算かを考えるには、「合わせて」「分けると」などのキーワードを見つけて「合わせる＝たし算」「分ける＝わり算」のように計算と結びつけて立式させる指導も散見されるが、子どもはキーワードとする文字にしか注目できず、本質的な理解には至りにくい。計算自体の意味、つまり具体物がどのように変化することを意味しているのかを理解する必要がある。

　理解できていない場合には、タイルなどの具体物を使って計算の理解を支えることが大切である。

指導の留意点

①「繰り返し数をこなす」のではなく、「意味を理解させる」「理解した意味を定着させる」ためにイメージをもたせる。
②一度にたくさんの問題をこの方法で取り組ませるのではなく、毎回１～２問ずつ取り組ませ、文章や数の動きの意味に注目する習慣をつける。

教材シート⑯ 式の立て方シート

別冊 P29

〈図3-3〉の「式の立て方シート」を使い、文章題に対し自分が描いた図がどれに当てはまるのかを考えさせる。その際、言葉でも説明して計算の意味と文章題の意味が同じであることを意識させる。例えば、113ページの〈図3-2〉の「文章題取り組みシート」の例の問題であれば、シートの⑤で描いた絵と「式の立て方シート」からかけ算であることがわかったら、シートにあるかけ算の説明（大きさの同じ数のかたまりがいくつかある）を使い、「3個ずつのかたまりが、6人分ある」という説明もする。

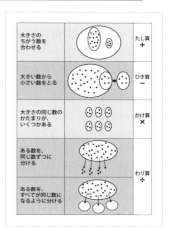

〈図3-3〉式の立て方シート

慣れてきたら子ども自身にその説明をさせて、絵や図、言葉で意味を意識させる。シートを見ても絵や図と計算を結びつけることが難しい場合には、先に子どもが描いた絵や図を数えさせ、答えの数を意識させる。そして、何算をすればその答えになるかを考えさせる。何算かがわかってから図を見比べさせ、指導者が共通点を説明したり、言葉で計算の説明を聞かせたりする。

指導例 〈図 3-2〉の例の場合

指導者　どうしてそういう絵になったの？

子ども　6人家族だから人を6人書いて、「1人3個ずつ」って書いてあるから、この人も3個持ってて、この人も3個持ってて……この人も3個持ってる。

指導者　そうだね。じゃあ、どうしてかけ算になったの？

子ども　1人3個ずつで6人いて、3個ずつのかたまりが6人分だから、かけ算。

指導者　そうだね。じゃあ答えはどうなった？

子ども　3×6＝18、18個

指導者　じゃあ、絵に描いた数と同じか数えてみよう。（一緒に数える。）18個だから答えと一緒だね。

4 視知覚などが必要になる
量・測定と図形

学習分野（量・図形）		子どもの様子
量・測定	時間	□短針が1と2の間にあると、何時になるかがわからない □「○時」と「○時30分」以外の長針の読み方が覚えられない
		□「5時より10分間前の時刻」を「5時10分」と答える
		□「ご飯を食べるおよその時間」がわからない
	長さ・重さ・水のかさ	□端がそろっていない2つの線分を見て、どちらが長いかわからない □目盛りの読み取りができない
		□単位の換算ができない
図形		□大きさや角度が違っていても、どちらも二等辺三角形だということがわからない
		□同じものでも、向きが違うと、同じものだと認識できない
		□定規や分度器、コンパスなどをうまく扱えない

算数には、「量・測定」や「図形」の単元もある。いずれの単元にも、計算や文章題のときに比べて視知覚（形態や空間を理解する力）や道具を扱う手先の器用さが必要となり、視知覚に弱さのある子どもや不器用さのある子どもは、苦手な分野となる。

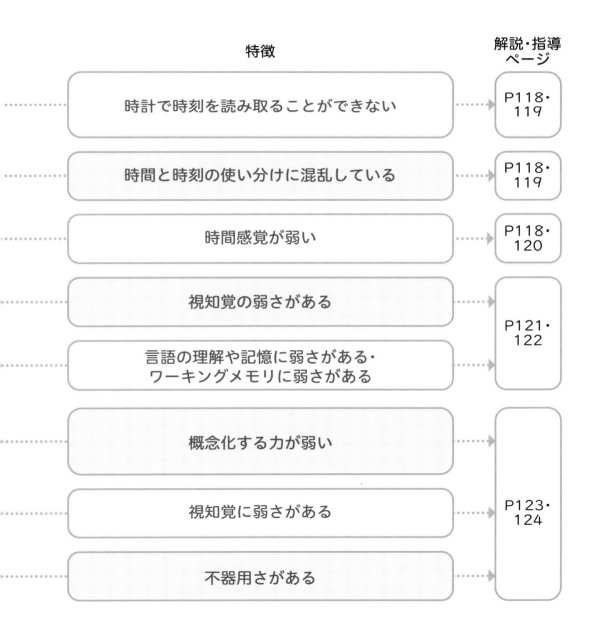

特徴	解説・指導ページ
時計で時刻を読み取ることができない	P118・119
時間と時刻の使い分けに混乱している	P118・119
時間感覚が弱い	P118・120
視知覚の弱さがある	P121・122
言語の理解や記憶に弱さがある・ワーキングメモリに弱さがある	P121・122
概念化する力が弱い	P123・124
視知覚に弱さがある	P123・124
不器用さがある	P123・124

解説　量・測定

　算数では、「量と測定」に関する単元として「時間」「長さ」「重さ」「水のかさ」などを学習する。それら「量・測定」の学習では、『連続量』（82ページ参照）を扱うのだが、まずは「数量」のもう1つの種類の『分離量』のイメージをもたせるため、具体物を操作させることが「量・測定」の学習の理解を支えることにつながる。個別や少人数の場では、いろいろなものを使って「比べる」「はかる」などの操作をさせ、問題文、絵や図に描かれていることの理解を支えてほしい。

　また、「量・測定」の学習では、意味のわかりにくい言葉が多く使われていることも、理解を難しくする要因の1つである。低学年の教科書にも、「はした」「かさ」「ます（升）」など、日常生活でもほかの単元でも聞かない言葉が多く見られる。これらの言葉の説明は算数の指導ではないが、量の単元の理解を促すのに必要である。

指 導 時間

❶ 時計を読む

●時計が読めない

　算数の量の分野で初めに出てくるのは、時計の学習である。1年生では「時計を読む」という学習にとどまり、「時刻を読みましょう」となっているが、時計を読むことに困難さがある子が必ずいる。

教材 知育時計

　時計は短針と長針とで目盛りの読み取り方が異なり、子どもにとってはわかりにくいため、「○時」と「○分」のそれぞれの目盛りが書かれている時計を使う。〈写真4-1〉の時計は、「○時」の数字と針は青、「○分」の数字と針は赤になっており、「○時」がどの範囲なのかも示されている。

〈写真4-1〉SEIKO 知育時計

❷ 時間と時刻の意味の違い

　2年生になると「時間と時刻」という内容になるが、生活の中で「時間を見る」という言葉は「時刻を見る」ことを示すため、2つの言葉の違いで混乱することは多いだろう。

　「時間」と「時刻」で混乱している場合、言語の理解が年齢相応にある子どもであれば、漢字の意味からそれぞれの言葉の意味を教えると、違いを理解しやすいことがある。

●「時間」と「時刻」の違いがわからない

・「間」は、「あいだ」という字だから、「○時○分」と「○時○分」のあいだの「長さ」のこと
・「刻」は、「きざむ」という字だから、時計の針がきざむ「○時○分」という「1か所」のこと

3 時間の感覚をもたせる

　「時間」や「時刻」の意味がわかっても、目の前に時計がない状態で時間や時刻を考えることが難しい場合があるだろう。頭の中だけでは時間や時刻を考えることができない場合は、時計を操作させる必要がある。

　また、時間の感覚をもてるようにしたうえで問題と結びつけて考えられるように支援することも大切である。例えば、下記のような問題では、「秒」「分」「時」という単位がどれくらいの時間を表すものなのかを感覚として捉えられていない子どもは、考えずに単位を入れてしまうかもしれない。しかし、事前に「簡単な計算を10問する時間」「給食を食べる時間」「学校にいる時間」などを子どもと一緒に測っておき、それぞれの結果を書いたものと問題に出てくる内容を比べると、「計算10問と同じぐらいの時間でできそうなものはどれか？」と考えることができるだろう。

もんだい
　次の時間の（　）には、秒間・分間・時間の、どれが入るでしょうか？

朝ご飯を食べる時間　　　　15（　　　）
遠足に行っていた時間　　　8（　　　）
50m走る時間　　　　　　　12（　　　）

計算10問：18秒間
給食を食べる時間：25分間
学校にいる時間：7時間

　発達に偏りのある子どもたちには、そもそも時間感覚に弱さが見られることがある。そのような場合には、時計を読ませたり時間を計算させたりするだけではなく、「プリントを1枚やる時間」「給食を食べる時間」など、子どもが何かをする時間を測って時間の感覚を意識させることが、時間や時刻の問題を解く手がかりになる。

指導　長さ・重さ・水のかさ

❶イメージを支える

●紙に印刷されたものを「見て」
　比べることが難しい

　長さ・重さ・水のかさに関しても、具体物を操作させてイメージを支えたい。そのときに留意したいことは、子どもの視知覚の弱さや感覚の弱さへの配慮である。「長さ」を比べるのに、紙に印刷されたものを「見て」比べることが難しい子どもがいる。平行に並べられていて端がそろっていたら見比べやすいが、端がずれている・向きが異なる・離れた位置にある、などでは、見比べが困難になることがある。

　長さを比べる際には必ず手で操作できるものを使い、「端をそろえて比べる」という操作をさせたり、紙に印刷された線を切り取らせて比べさせたりすることが必要である。

　「重さ」も、全く違う重さであれば2つのものを手に持って判断することができるかもしれないが、微妙な重さの違いは感じにくい子どもがいる。天秤のようなもので重さ比べをして、どちらが下がるか（重たいか）を確かめさせるとわかりやすい。

❷単位の換算

　単位の換算は、具体物を使わずに数量をイメージできる子どももよくつまずく。単位の換算は、長さ・重さ・面積・水のかさと、それぞれ異なるため、言語の理

解や記憶に弱さのある子どもや、ワーキングメモリに弱さのある子どもでは、単位の換算が覚えられなかったり、知っていてもすぐには思い出せなかったりする。

 教材シート⑰　**単位の換算表**　　　　　　別冊 P30 〜 32

　〈図4-2 〜 4〉の「単位の換算表」を使うとよい。

　長さの例では、「メートル（m）」のところで読むと「1m」、「センチメートル（cm）」のところで読むと「100cm」、「ミリメートル（mm）」のところで読むと「1000mm」となり、「1m＝100cm＝1000mm」であることがわかる〈図4-2〉。

　重さ・面積・水のかさなどについても、それぞれの「換算表」を用意しておき、問題の内容から子ども自身に「換算表が必要かどうか」を判断させる。必要と考えた場合には「どの換算表を使えばよいか」を選ばせ、選んだ換算表を使いこなす力をつけていくことが理解につながる〈図4-3・4〉。

　「換算表」を使うに当たっては、換算の意味を理解させたうえで使わせる。実際の線で「この線の長さは㎜で言うと、何㎜か」「㎝で言うと、何㎝か」をそれぞれ測り、「換算表」と同じになることを確かめる経験をさせてから使わせてほしい。

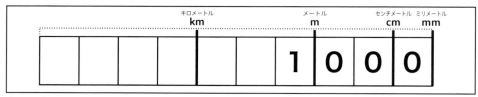

〈図4-2〉長さの単位の換算表

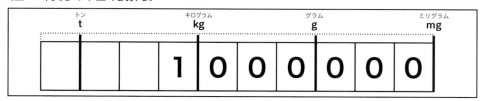

〈図4-3〉重さの単位の換算表

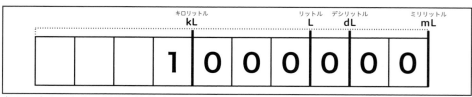

〈図4-4〉水のかさの単位の換算表

解説　図形

　図形は、概念化が必要な単元である。種類が異なっていても「イヌ・ネコ・サル・カバ」を「動物」と捉えるように、線の長さや角度の大きさが異なっても「4つの辺があり、4つの頂点がある形は四角形」と捉えなければならない。さらに、「動物」で「耳が長くぴょんぴょんはねる」という特徴のあるものは「ウサギ」となるように、「四角形の中でも4つの角がすべて直角」という特徴がある場合は「長方形」、さらに「4つの辺がすべて同じ長さ」という特徴を併せもつ場合は「正方形」という名称になる。

　このように形の定義を習ったあとは、例えば〈図4-5〉は「すべて直角三角形かどうか」といったように、目で見て図形の種類を判断することが求められる。向きが異なっていたり、線の長さや角度が異なっていたりしても定義に合致するかどうかを見極める力が必要なのである。

　視知覚に弱さのある子どもたちは、こういったことを目で見て判断することが難しく、これはやり方や提示のしかたを変えればできるようになるというわけではない。また、視知覚の訓練をしても、視知覚そのものが伸びる速度に比べて学習の進度が速いため、訓練だけで図形学習の理解をさせることは難しい。

〈図4-5〉いろいろな直角三角形

〈図4-6〉定規を使う問題

指導　図形指導における配慮

1 視知覚に弱さを補う

　視知覚に弱さがある場合は、具体物で操作しやすいものを提供し、量の測定同様、自分で「比べる」「重ねてみる」「定規を当ててみる」などで理解を促す。例えば、〈図4-6〉の中から「三角定規の直角の部分を当てて、4つの角がすべて直角な四角形を見つける」という問題で、各図形が三角定規に隠れてしまうほど小さな場合は、線や角に定規を合わせることが難しい。従って、問題を拡大コピーして定規を当てやすい大きさにしたり、図形を1つずつ切り離して確かめさせたりするとよい。

　また、どの角を確かめたのかを覚えておくことができず、何度も同じ角を確かめたり、確かめ忘れたりする子もいる。そのような場合は、「直角だったら○、直角ではなかったら×を書く」のように「確かめたら印をつける」というルールにするとよいだろう。

2 道具の配慮

　量・測定でも図形でもつまずきが出やすいのは、定規やコンパスなどの道具の使用である。発達障害がある子どもは不器用さを併せもつことが多く、道具の使用に苦労することがある。また、視知覚の弱さがあると、細かい目盛りの読み取りが難しくなる。

　このような場合は、道具の工夫が必要である。定規であれば、ずれにくいような工夫がされているもの、読みやすい目盛りになっているものなど、子どもの苦手に合わせて使いやすい道具を用意したい。最近は、ユニバーサルデザインの視点で作られた商品がいろいろと販売されている。子どもと相談して、使いやすいものを選ぶとよいだろう。

算数の目標設定と支援・配慮

　算数の理解には知的水準の影響が大きく、医学的には「知的発達の遅れがない」とされる場合にも、小学校中学年から高学年の内容理解でつまずきを示すことが多い。算数の指導目標を設定するとき、保護者も教員も「何年生までの内容を目指せばよいのか」という視点で考えがちであるが、知的境界域から平均の下レベルの子どもたちに対しては、「大人になったときに必要かどうか？」を考えてほしい。

　例えば、大人になったときに必要のない作図や体積の公式の習得に時間をかけるよりは、整数の加減乗除が理解できることに重点をおくほうがよい。また、整数でも桁の多い計算を正確にできるよう練習するよりは、文章題を読んで式がわかり計算機で正しい答えを出せるほうがよい。数字だけの計算がわかりにくい子どもであれば、お金などの生活に関わる数量を練習するほうがよいだろう。

　また、知的発達に遅れのない子どもたちでは、認知の偏りによって算数につまずきが出ている。そのため、偏りを補うためのグッズ（タイル・計算手順表・式の立て方シート、など）は、「使わなくてもできるようにする」ことではなく「グッズを使いこなして自分1人で考えられる」ことが目標になる。

　「合理的配慮[*]」の観点からも、上記のような目標設定を踏まえ、適切な支援をしていかなければならない。例えば、算数における合理的配慮として、右のような例が考えられる。

読みの問題がある場合
▶文章題を含む問題文を読み上げる

計算に時間がかかる場合
▶テストなどでの時間を延長する、宿題の問題数を減らす

不器用さや視知覚に弱さがある場合
▶「余白に計算」ではなく、罫線のある紙を渡す
▶量や図形の問題で具体物を提示する
▶問題用紙・解答用紙を拡大する

数概念や記憶などに弱さがある場合
▶タイルなどの具体物、計算手順表や九九表などの支援グッズの使用を認める

---

[*]　合理的配慮：障害者の社会的障壁を取り除くために必要な変更や調整。

保護者や本人の困り、支援者の見立て、評価結果は一致しないことも

　学習のつまずきがある場合、保護者や本人がつまずいていると訴える部分と、支援者の見立て、評価で困難さがあるとされる部分は、必ずしも一致するわけではない。書きの困難の訴えであれば、書きの評価だけではなく知的レベルや読み、言語、読み書きの基礎となる音韻認識・視知覚など、さまざまな評価を行って、書きの困難がどこからきているのか、読みには問題がないのかなどを確かめる。適切な指導を行うためには評価をしっかり行い、弱い部分と指導に生かせる強みの部分を把握することが必要である。

事例：読解や作文が苦手　　　　　　　　　　　Ａさん　小学２年

　Ａさんは、読解や作文が苦手という困りがあった小学校２年生である。算数の文章題も苦手だが、計算には特につまずきを感じていなかった。

　評価を行うと、読み書きや計算に問題はなかったが、理解語彙が少なく文の理解や表現にもやや弱さがみられた。読解ではことばの意味がわからないために文の意味が理解できておらず、作文ではどのような表現をすればよいのかわからないために短い文章になってしまっていると考えられた。

語彙が少ないことへの指導

　Ａさんには「ことば集め」や「３ヒントなぞなぞ」などの課題から指導を開始した。視覚的イメージにもやや弱さがあったことから、「ことば集め」では知っているものであっても形や見た場所などを説明させるようにし、イメージがあいまいなものは絵つきの辞典やタブレットの画像などでイメージを支えた。

　また、調理道具や服など、家庭で実際の物を確認できる場合は、保護者にも協力してもらい、家にあるものをＡさんに見せてから写真を撮ってきてもらったり、Ａさんに使わせたりして知識の定着を図った。

参考文献

・DSM-5 精神疾患の診断・統計マニュアル
    日本語版用語監修：日本精神神経学会   医学書院（2014）
・通常学級で役立つ算数障害の理解と指導法
    熊谷恵子・山本ゆう著   学研プラス（2018）
・子どもの学びと向き合う医療スタッフのためのLD診療・支援入門
    玉井 浩監修、若宮 英司編集   診断と治療社（2016）
・学童期における読解能力の発達過程 〜 1-5年生の縦断的な分析〜
    高橋登   教育心理学研究49（2001）
・発達性読み書き障害児における実験的漢字書字訓練 〜認知機能特性に基づいた
    訓練方法の効果〜
    春原則子、宇野彰、金子真人   音声言語医学46（2005）

・特異的発達障害 診断・治療のための実践ガイドライン
    稲垣真澄編集代表   診断と治療社（2010）
・日本版 KABC-II
    日本版KABC-II製作委員会訳編   丸善出版（2013）
・LCSA学齢版 言語・コミュニケーション発達スケール
    大伴潔、林安紀子、橋本創一、池田一成、菅野敦著   学苑社（2012）
・絵画語い発達検査
    上野一彦、名越斉子、小貫悟著   日本文化科学社（2008）
・改訂版 標準読み書きスクリーニング検査
    宇野彰、春原則子、金子真人、Taeko N.Wydell著   インテルナ出版（2017）
・小中学生の読み書きの理解 URAWSS II
    河野俊寛、平林ルミ、中邑賢龍著   atacLab（2017）
・『見る力』を育てるビジョン・アセスメントWAVES
    竹田契一監修   奥村智人、三浦朋子著   学研教育みらい（2014）
・CARD 包括的領域別読み能力検査
    玉井浩 監修   奥村智人、川崎聡大、西岡有香、若宮英司、三浦朋子著
    スプリングス（2014）

著者●栗本奈緒子（くりもとなおこ）

大阪医科薬科大学LDセンター言語聴覚士、特別支援教育士SV。北海道教育大学卒業、大阪教育大学大学院修了、2001年4月より現職
著書（分担執筆）に、玉井浩監修・若宮英司編『医療スタッフのためのLD診療・支援入門』(2016) 診断と治療社などがある。

学研の
ヒューマンケア
ブックス

個別でもみんなの中でも教えられる！

国語・算数の初歩でつまずく子への教え方と教材

2020年4月7日　第1刷発行
2022年1月4日　第3刷発行

著　　　者　　栗本奈緒子
発　行　人　　甲原　洋
編　集　人　　木村友一
企　画　編　集　　東郷美和
編　集　協　力　　浅原孝子
デ ザ イ ン　　藤崎知子 (トライ スパイラル)
イ ラ ス ト　　高村あゆみ
発　行　所　　株式会社学研教育みらい
　　　　　　　〒141−8416　東京都品川区西五反田2−11−8
発　売　元　　株式会社学研プラス
　　　　　　　〒141−8415　東京都品川区西五反田2−11−8
印刷・製本所　　中央精版印刷株式会社

●この本に関する各種お問い合わせ先
　本の内容については、下記サイトのお問い合わせフォームよりお願いします。
　　https://gakken-kyoikumirai.co.jp/contact/
　在庫については　Tel 03-6431-1250（販売部）
　不良品（落丁、乱丁）については　Tel 0570-000577
　　学研業務センター　〒354-0045 埼玉県入間郡三芳町上富279-1
　上記以外のお問い合わせは　Tel 0570-056-710（学研グループ総合案内）

●複写（コピー）をご希望の方は、下記までご連絡ください。
　日本複製権センター　https://jrrc.or.jp/
　E-mail:jrrc_info@jrrc.or.jp
　Ⓡ〈日本複製権センター委託出版物〉
●学研の書籍・雑誌についての新刊情報・詳細情報は、下記をご覧ください。
　学研出版サイト　https://hon.gakken.jp/

教材シート集

教材の冊子を本から外して
コピーして使おう！

冊子の隅（外側）の角に合わせて **127%** 拡大コピーすると
A4 サイズになります。

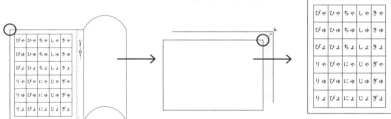

目次

りゃ	ぴゃ	ひゃ	ちゃ	しゃ	きゃ
りゅ	ぴゅ	ひゅ	ちゅ	しゅ	きゅ
りょ	ぴょ	ひょ	ちょ	しょ	きょ
	みゃ	びゃ	にゃ	じゃ	ぎゃ
	みゅ	びゅ	にゅ	じゅ	ぎゅ
	みょ	びょ	にょ	じょ	ぎょ

のばす時（とき）に聞（き）こえる音（おと）　／　のばす時（とき）に書（か）く文字（もじ）

拗音（上段）

や	り	み	ひ	に	し
ゆ	り	み	ひ	に	し	き
よ	り	み	ひ	に	し	き

五十音（下段）

	あ	か	さ	た	な	は	ま	や	ら	わ
い列	い	き	し	に	ひ	み	り			
う列	う	く	す	つ	ぬ	ふ	む	ゆ	る	
え列	え	け	せ	て	ね	へ	め	れ		
お列	お	こ	そ	と	の	ほ	も	よ	ろ	

長音のルール

聞こえる音	あ	い	う	え	お
書く文字	あ	い	う	い	う

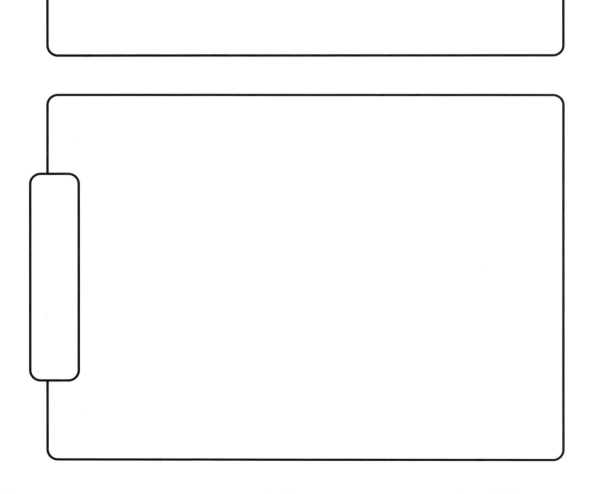

（ぼく・わたし）は、

（いつ　　　　　　）、

（だれと　　　　　　）といっしょに、

（どこ　　　　　　）で（なにを　　　　　　）を

しました。

質問のルール

☆発表に関係あることを聞く。

例）「公園に行きました」という発表で、「ほかにどこに
行きましたか？」という質問は、関係ないのでしない。

☆発表で言ったことは聞かない。

例）「車で行きました」という発表で、「何で行きました
か？」という質問は、話を聞いていないことになる
のでしない。

6

1) 問題文の中に「文」がいくつあるか確かめる。

2) 問題文の中にある「文」が、「質問の文」なのか、「命令の文」なのかを考える。

3) 質問の文では、質問のことば（誰・何・いつ、など）はどれか、何を質問されているかを考える。

4) 命令の文では、いくつ命令されているか、何を命令されているかを考える。

5) 答えを書く。

始_{はじ}めの文_{ぶん}	（いつ）＿＿月_{がつ}＿＿日_{にち}に、（だれと）＿＿＿＿＿といっしょに、 （どこへ）＿＿＿＿＿へ行きました。
写真_{しゃしん}①	はじめに、 （写真_{しゃしん}の説明_{せつめい}1～2文_{ぶん}） ＿＿＿＿＿を（しました・見_みました）。 （もっとしたかった・ちょっとこわかった・どきどきしたけどたのしかった）
写真_{しゃしん}②	それから、 （写真_{しゃしん}の説明_{せつめい}1～2文_{ぶん}） ＿＿＿＿＿を（しました・見_みました）。 （もっとしたかった・ちょっとこわかった・どきどきしたけどたのしかった）
写真_{しゃしん}③	さいごに、 （写真_{しゃしん}の説明_{せつめい}1～2文_{ぶん}） ＿＿＿＿＿を（しました・見_みました）。 （もっとしたかった・ちょっとこわかった・どきどきしたけどたのしかった）
終_おわりの文_{ぶん}	・＿＿＿＿＿は楽_{たの}しかったので、また行_いきたいです。 ・＿＿＿＿＿ができなかったので、今度_{こんど}は＿＿＿＿＿をしたいです。 ・今度_{こんど}は、＿＿＿＿＿をやってみたいです。

「1（いち）」のものに○をつけましょう。

いち
1

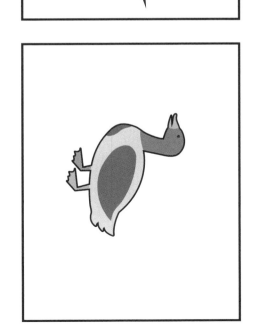

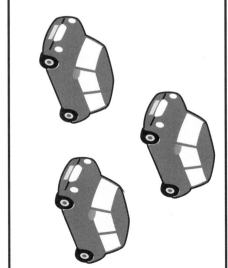

「2（に）」 のものに○をつけましょう。

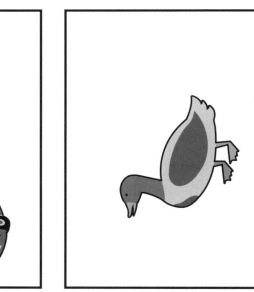

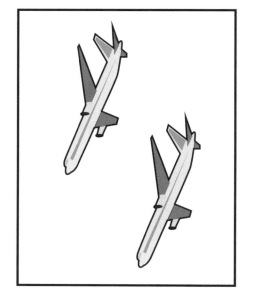

に
2

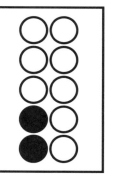

「3（さん）」のものに◯をつけましょう。

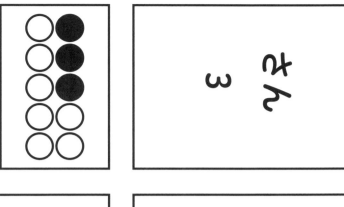

さん
3

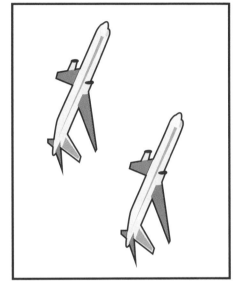

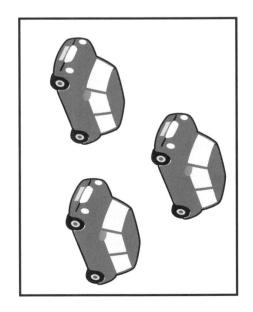

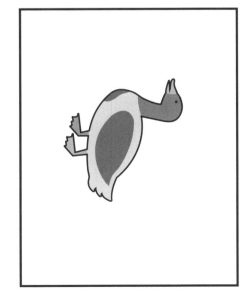

「4（よん）」のものに◯をつけましょう。

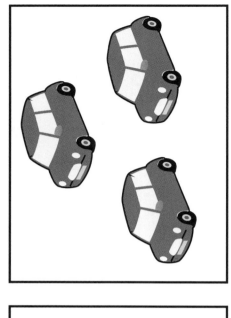

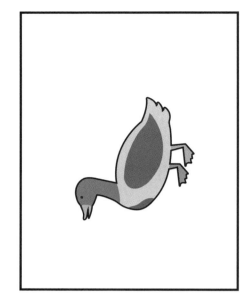

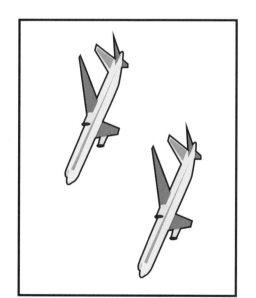

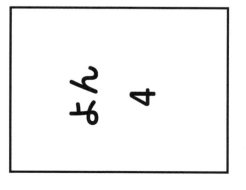

よん

4

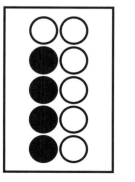

「5（ご）」のものに〇をつけましょう。

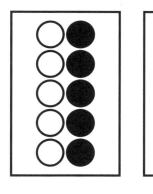

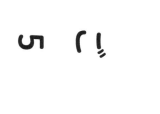

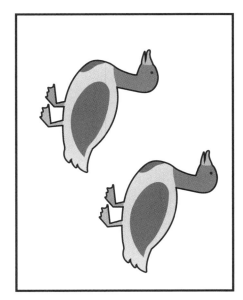

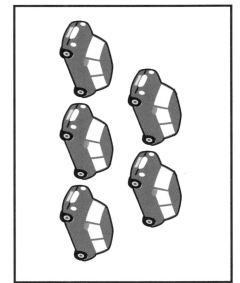

「6（ろく）」のものに◯をつけましょう。

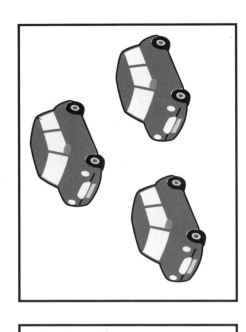

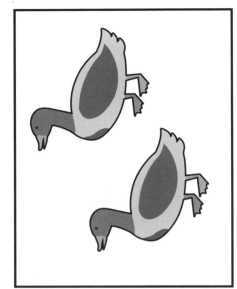

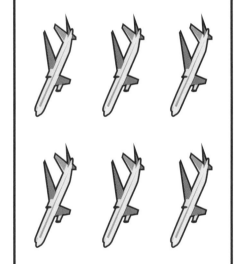

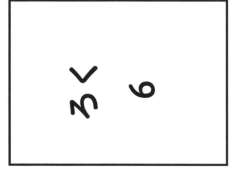

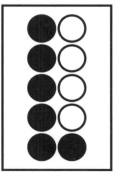

「7（なな）」のものに○をつけましょう。

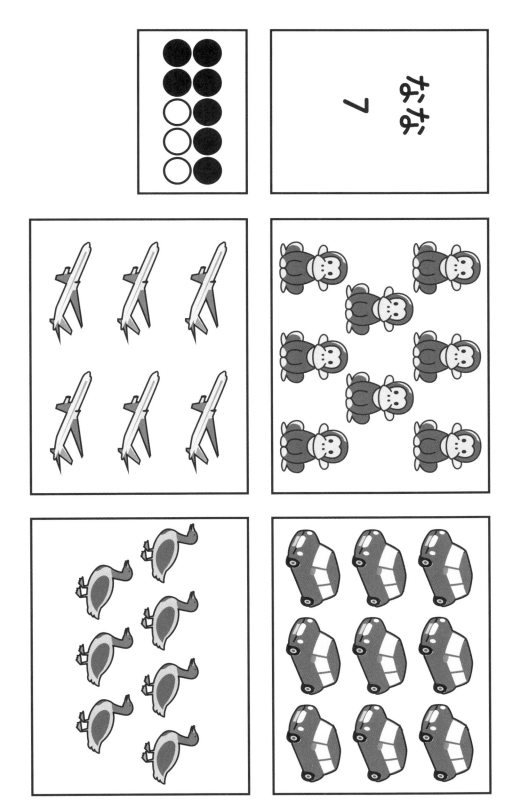

なな
7

「8（はち）」のものに◯をつけましょう。

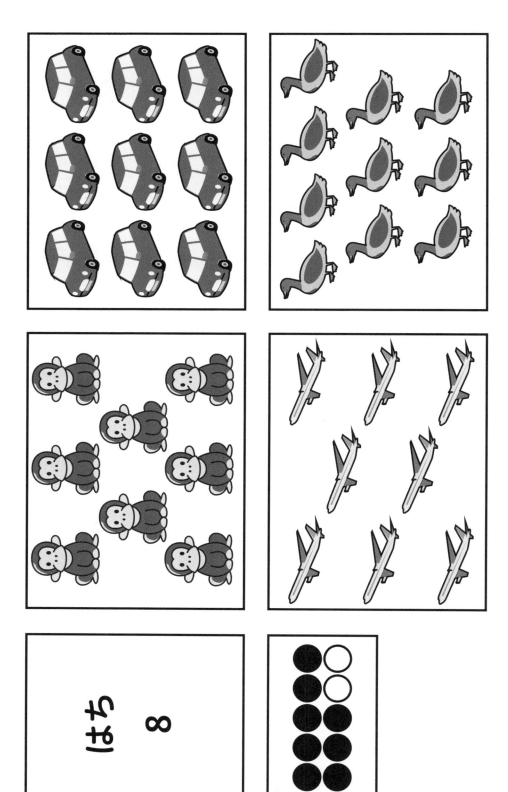

「9（きゅう）」のものに◯をつけましょう。

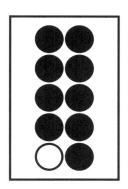

きゅう
9

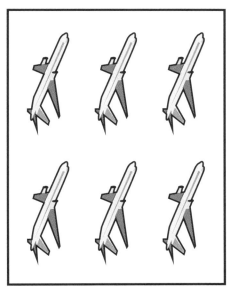

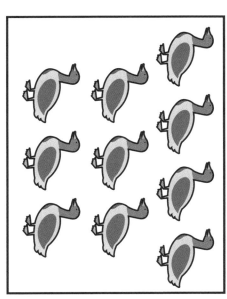

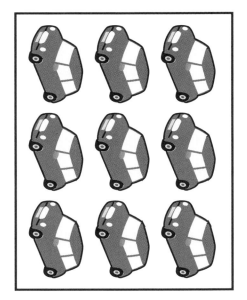

「10（じゅう）」のものに○をつけましょう。

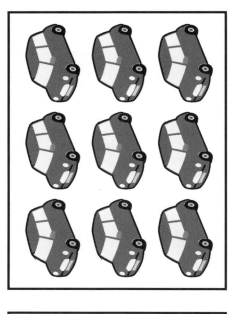

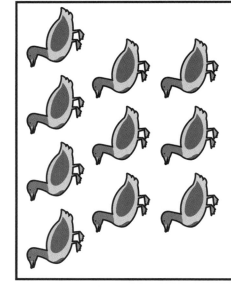

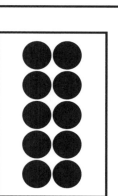

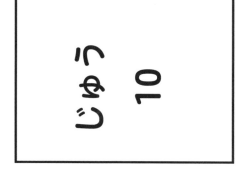

じゅう
10

	1
	2
	3
	4
	5
	6
	7
	8
	9
	10

1	
2	
3	
4	
5	
6	
7	
8	
9	
10	

読み方		じゅう	にじゅう	さんじゅう
	0	10	20	30
いち	1	11	21	31
に	2	12	22	32
さん	3	13	23	33
よん	4	14	24	34
ご	5	15	25	35
ろく	6	16	26	36
なな	7	17	27	37
はち	8	18	28	38
きゅう	9	19	29	39

		よんじゅう	ごじゅう	ろくじゅう
きゅう	9	49	59	69
はち	8	48	58	68
なな	7	47	57	67
ろく	6	46	56	66
ご	5	45	55	65
よん	4	44	54	64
さん	3	43	53	63
に	2	42	52	62
いち	1	41	51	61
	0	40	50	60

	ななじゅう	はちじゅう	きゅうじゅう
0	7 0	8 0	9 0
1 いち	7 1	8 1	9 1
2 に	7 2	8 2	9 2
3 さん	7 3	8 3	9 3
4 よん	7 4	8 4	9 4
5 ご	7 5	8 5	9 5
6 ろく	7 6	8 6	9 6
7 なな	7 7	8 7	9 7
8 はち	7 8	8 8	9 8
9 きゅう	7 9	8 9	9 9

いち 一	じゅう 十	ひゃく 百	せん 千

問題：

10のだん	20のだん	30のだん	40のだん	50のだん	60のだん	70のだん	80のだん	90のだん	100のだん
1×1=1	2×1=2	3×1=3	4×1=4	5×1=5	6×1=6	7×1=7	8×1=8	9×1=9	10×1=10
1×2=2	2×2=4	3×2=6	4×2=8	5×2=10	6×2=12	7×2=14	8×2=16	9×2=18	10×2=20
1×3=3	2×3=6	3×3=9	4×3=12	5×3=15	6×3=18	7×3=21	8×3=24	9×3=27	10×3=30
1×4=4	2×4=8	3×4=12	4×4=16	5×4=20	6×4=24	7×4=28	8×4=32	9×4=36	10×4=40
1×5=5	2×5=10	3×5=15	4×5=20	5×5=25	6×5=30	7×5=35	8×5=40	9×5=45	10×5=50
1×6=6	2×6=12	3×6=18	4×6=24	5×6=30	6×6=36	7×6=42	8×6=48	9×6=54	10×6=60
1×7=7	2×7=14	3×7=21	4×7=28	5×7=35	6×7=42	7×7=49	8×7=56	9×7=63	10×7=70
1×8=8	2×8=16	3×8=24	4×8=32	5×8=40	6×8=48	7×8=56	8×8=64	9×8=72	10×8=80
1×9=9	2×9=18	3×9=27	4×9=36	5×9=45	6×9=54	7×9=63	8×9=72	9×9=81	10×9=90
1×10=10	2×10=20	3×10=30	4×10=40	5×10=50	6×10=60	7×10=70	8×10=80	9×10=90	10×10=100

〈　　のだん〉

×					
×					
×					
×					
×					
×					
×					
×					
×					
×					

十の位（じゅう くらい）

百（ひゃく）

一の位（いち くらい）

個（こ）

①問題を読もう。

②わからないことばはありますか？

　　ある（　　　　　　　　　　）・　ない

③何を聞かれていますか？　答えの単位は何ですか？

　　（　　　　　　　　　　　　　　　）　答えの単位（　　）

④わかっていることは何ですか？

　　（　　　　　　　　　　　　　　　　）

　　（　　　　　　　　　　　　　　　　）

⑤絵をかいてみよう。

⑥何算になりますか？

　　　＋　　　－　　　×　　　÷

⑦式を立てよう。＿＿＿＿＿＿＿＿＿＿＿＿＿

⑧答えを書こう。＿＿＿＿＿＿＿＿＿＿

⑨「③聞かれていること・答えの単位」を読んでから、

　　答えを見直そう。

大きさの ちがう数を 合わせる		たし算 ＋
大きい数から 小さい数をとる		ひき算 －
大きさの同じ数の かたまりが、 いくつかある		かけ算 ×
ある数を、 同じ数ずつに 分ける		わり算 ÷
ある数を、 すべてが同じ数に なるように分ける		

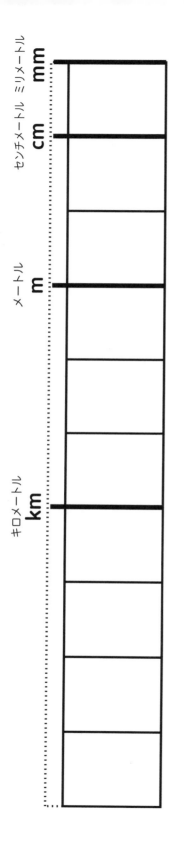

1cm=10mm

1m=100cm

1km=1000m

1g＝1000mg

1kg＝1000g

1t＝1000kg

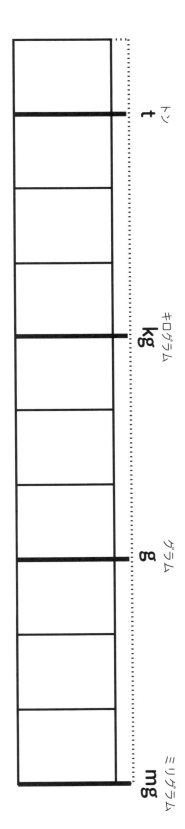

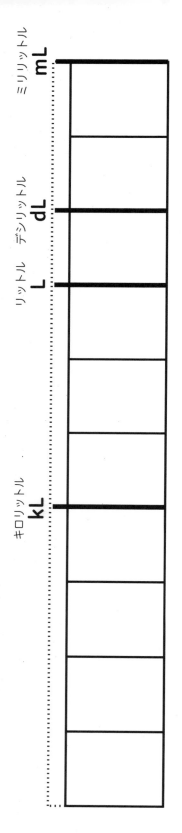

1dL ＝ 100mL

1L ＝ 10dL

1kL ＝ 1000L